孩子不仅给我们带来了快乐，
更重要的是他们把我们重新引入真、善、美的世界

立 品 图 书 · 自 觉 · 觉 他
www.tobebooks.net
出 品

A Spoonful of Stories

故事总是有办法

苏珊治疗性故事集

（澳）苏珊·佩罗　著
文鲁工作室　图
陈春　译

天津出版传媒集团

天津教育出版社
TIANJIN EDUCATION PRESS

图书在版编目（ＣＩＰ）数据

故事总是有办法：苏珊治疗性故事集 ／（澳）佩罗著；陈春译． — 天津：天津教育出版社，2015.8
ISBN 978-7-5309-7832-0

Ⅰ．①故… Ⅱ．①佩… ②陈… Ⅲ．①家庭教育－通俗读物 Ⅳ．① G78-49

中国版本图书馆 CIP 数据核字（2015）第 199630 号

A SPOONFUL OF STORIES (1,2 & 3) by Susan Perrow
Copyright © Susan Perrow 2014 www.susanperrow.com

故事总是有办法	苏珊治疗性故事集
出 版 人	胡振泰
作 者	（澳）苏珊·佩罗
译 者	陈 春
责任编辑	王剑文
装帧设计	高 雪
出版发行	天津出版传媒集团 天津教育出版社 天津市和平区西康路 35 号　邮政编码　300051 http://www.tjeph.com.cn
经 销	新华书店
印 刷	三河市华晨印务有限公司
版 次	2015 年 11 月第 1 版
印 次	2015 年 11 月第 1 次印刷
规 格	16 开（787×1092 毫米）
字 数	140 千字
印 张	19.75
定 价	48.00 元

本书献给：

全世界的孩子，以及每个大人的内在小孩……

目 录

前言   1
编者的话   15

第一辑   儿童行为故事

引言：故事良药   2
皮皮霸霸风   6
暴躁的凤头鹦鹉   11
挑食的芙芙   16
贪心的园艺锹   22
河马不会用新牙   28
小气鬼鸢尾花   32
爱踢人的小袋鼠   35
嘎嘎叫的琴鸟   39

邂逅的美人鱼	43
总是说"不"的挖掘机	49
讨人厌的章鱼	55
完美主义者帕特	60
吹毛求疵的王后	66
唱歌的蛇和跳舞的熊	70
不听话的雨伞	74
骄傲的天鹅绒	80
抱怨的吹哨人	85
极其任性的木琴	90
满不在乎的黄色游艇	96

第二辑 非洲智慧故事

引言：长颈鹿的低语	104
乌龟是怎样帮助太阳爸爸和月亮妈妈的？	108
两只鸽子与一只乌龟	111
妇人们与乌龟	115
格旺扎与福娃扎娜	118
乌龟与兔子	122
乌龟与巨兽	126

羚羊、蝴蝶与变色龙	130
娜米子与树人	135
纸莎草与美丽的姑娘	140
聪明的小个子	145
国王与他的第12位妻子	148
男孩与怪兽	152
南瓜、鸽子与木棍	157
一条河帮一个男孩找到了自己的声音	161
好热的河马	166
小葫芦与星星公主	172
总不想做自己的变色龙	177
南瓜新娘	181
卡由齐与恶魔	186
苹果老鼠	191
荨麻与玫瑰	196
大老鼠潘雅	202
拼凑出来的长颈鹿	209

第三辑　21世纪童话故事

引言：光明与阴影	214

绣满鲜花的和服	218
光之花园	224
鲤鱼王子	232
生命之光	235
鸡蛋花娃娃	240
织巢的金鸟	243
玫瑰与刺	248
林德尔温的歌声	252
亮晶晶	258
光之公主与银海豚	267
魔法石	274
飞得高高的小丝绸	281
圆圆的棕色椰子	284

前　言

故事的整体价值

> 宇宙从一个故事开始……我们的一部分是人类，一部分是故事。
>
> ——本·奥克瑞《天上的飞鸟》
> (*Birds of Heaven*)
> 第22页，凤凰出版公司，伦敦，1996年

从有记载的历史以来，人类就认识到了故事和讲故事的重要性，并在生活中加以应用。人类学家很早就观察到故事在每种文化中都很重要，也很受欢迎。约瑟夫·坎贝尔在广泛研究了世界上的各种神话后，声称我们文化中的神话：

有意无意地影响着我们，让我们释放力量；激活我们的生命力，指引我们的人生……每当人类想寻找某种坚实的事物，以找到自己的存在感时，他们不会选择世界上大量存在的事实，而会选择由远古人类的想象力构筑的神话。

——约瑟夫·坎贝尔《上帝的面具：原始神话》

（*The Masks of God: Primitive Mythology*）

第4～5页，阿卡纳出版社，纽约，1991年

世世代代的故事讲述者都是非常重要的角色，承担着保持神话丰富性的职责。丰富的故事不仅是快乐的一个源泉，也对成年人和儿童进行道德和历史教育，并让复杂的传统保持了（现在也依然保持着）生机。我的祖国澳大利亚的原住民证实了故事的重要性——故事让他们的文化保持生机和健康。在中国文化中，故事同样在保持文化的延续性和生机方面起到了重要的作用，比如《愚公移山》和《木兰从军》。

世界上最伟大的灵性和宗教导师也将故事作为传经布道的一种方式。佛教故事和伊斯兰教苏菲派故事在今天依然广受喜爱，并被这些教派用于智慧而简明地传经布道。《圣经》中也有很多教导性的故事，常被称作寓言故事。当耶稣被人问到，他对众人

讲话为什么用比喻时，他回答说，因为只有这样，天国的奥秘才能叫人们知道（《圣经·马太福音：13：10-35》）。

讲故事是一门艺术，是人类最古老的艺术形式之一，跟所有纯粹的艺术形式一样，对人类的灵魂和灵性具有重要的滋养作用。在很多方面，故事能深入我们的内心，触动我们，感动我们，滋养我们，赐予我们力量，疗愈我们的创伤。

讲故事是所有人生命的一部分，是让人们彼此连结的桥梁，是人类不可或缺的一部分。

想象力与故事

在所有的现代社会里，讲故事之所以重要，其核心依据是承认人类在认知领域可以有一个更整体的视角，尤其是将想象力作为一种学习和认知的方式。爱因斯坦深信想象力的教育作用，因此建议人们给儿童讲童话故事，讲更多的童话故事！

想象力比知识更重要。知识是有限的，而想象力让这个世界运转。

——格奥尔格·西尔维斯特·菲尔埃克

《生命对爱因斯坦意味着什么？》

(What Life Means to Einstein)

美国《星期六晚邮报》第6页，1926年10月26日

所有教师和父母都会感受到儿童与想象世界、魔法世界有着多么密切的联系——对孩子们来说，那都是真实的！想象力是童真的语言。在故事王国里，所有事物都互相联系，所有事物都具有生命和个性。有一次，我的大儿子说："我喜欢童话故事，因为故事的内容是我能理解的。"因此，父母用故事或图画的语言跟孩子说话是明智的，尤其是当你希望孩子能真正"听"你的话时。

我的一个儿子有个3岁的女儿，她总把她的鞋子乱糟糟地放在门边，他厌烦了整理她的鞋子，就给她讲了一个简单的故事，告诉她鞋子"喜欢跟朋友们在一起"。为了让她记得系好鞋上的搭扣，以免被鞋带绊倒，他告诉她鞋带的一头需要"亲吻"另一头。这个充满想象力的办法很快就让她养成了把鞋子放整齐的习惯，让他喜出望外。

在上海举办的一次工作坊中，一位妈妈说，她用一个故事去

鼓励 5 岁的儿子帮忙清理他撒在地上的蛋糕屑。一开始，她直接叫孩子帮忙，孩子坚决地说："不，我才不要！"后来，她给孩子讲了下面这个小故事，孩子的反应完全不同，她简直不敢相信。

从前，一些地上的蛋糕屑要跟垃圾桶里的蛋糕屑开个重要的会。一把小刷子把它们全扫进了簸箕里（每一粒蛋糕屑都扫进去了），帮了它们的忙。接着，一双手端着簸箕，走到垃圾桶边，把它们倒了进去，正好赶上开会的时间。

妈妈说，小男孩一听到这个小故事（这位妈妈创作的第一个故事），就很兴奋地开始"帮"蛋糕屑的"忙"，把每粒蛋糕屑都"送去参加会议"。这个关于合作的比喻多棒啊——一个簸箕、一把刷子和一双手！

非常喜欢故事，表明孩子们非常健康。幸运的是，我们有许多类型的故事可供选择——民间故事与童话故事、幽默故事与无厘头故事、累加故事与押韵故事（cumulative and rhyming stories）、自然故事及其他许多种故事。第一次跟自己的孩子分享故事时，讲简单的"回忆故事"——你童年时经历的事（这类故事当然很适合孩子），是一个很好的起点。

此外，还有与以上各种类型的故事交叉的治疗性故事。治疗性（疗愈）故事可以作为儿童生活中的一剂药效强劲的良药，可以让儿童的行为恢复平衡，帮助孩子在困境中培养精神力量。

本书的 55 则故事都是此类治疗性（疗愈）故事的例子。

这些故事分为三个主题，每个主题都有特别的介绍：

儿童行为故事：第 1 页至第 101 页

非洲智慧故事：第 103 页至第 211 页

21 世纪童话故事：第 213 页至第 287 页

什么是治疗性故事？

在我前两本中文书《故事知道怎么办》和《故事知道怎么办 2》中，我已经深入探讨过这个问题了。

对于不熟悉这类故事的读者，我总结了以下几点：

讲述治疗性故事是一种解决儿童的困境与问题的方式，既温和又简单，但往往十分奏效。这种故事形式能提供一个疗愈的媒介，让孩子们踏上一段想象的旅程，而不是听大人说教，或让大人直接指出他们的行为问题。通过认同故事中的主角或其他角色，孩子们能在克服障碍、解决问题的同时，壮大内心的力量。

治疗性故事包含想象的旅程、一个特别选择的孩子的障碍和有帮助的隐喻，能潜在地将孩子的失衡行为或状况恢复平衡或完整。

治疗性故事可以针对孩子的各种问题——从攻击行为，到悲伤、担忧、自卑、欺凌、嘲弄、做噩梦、不宽容、贪心、不诚实，以及其他许多问题。

治疗性故事不仅适用于单个孩子的状况和行为，也适用于家庭、班级、团体中的甚至全国的孩子们。并且除了孩子之外，还适用于各个年龄段的人们。

治疗性故事还能潜在地培养孩子的正向价值观（分享、合作、诚实、关心），培养孩子的弹性和人格（不懈追寻、克服困难、努力后才能达成目标）。

本书的 55 个故事充分体现了以上几点。不熟悉这类故事的读者只要"沉浸"在故事之中，在故事的海洋里畅游即可，无需费力去掌握治疗性故事背后的理论。

让故事告诉你，让故事荡涤你的心灵，让故事疗愈你！

使用隐喻的艺术

治疗性故事创作艺术的本质，在于艺术地运用隐喻。

创作治疗性故事时，有必要慎重地选择治疗性隐喻，用在一段旅程或历险中，以满足具体状况的需要和不同年龄的儿童与青少年的需要。故事的目的并不是为了道德说教或引起孩子的自责，这一点怎么强调都不过分。故事的目的只是为了反映正在发生的事情，并通过故事中的"隐喻"和"情节"，提供一种应对这一事情的可接受的方法和一个积极的解决方案。一个治疗性的故事应该尽可能地让听故事者自发地得出自己的结论，这样一来，"故事的力量"就会自行发挥作用，正如作家本·奥克瑞建议的那样——"要无声地，无形地"。

人们很容易忘记故事是多么的神秘与有力，它们无声地、无形地对人们内心的一切和自我产生影响，在改变你的同时，也变成了你的一部分。

——《天上的飞鸟》第34页

凤凰出版公司，伦敦，1996年

运用隐喻是故事创作的重要环节。隐喻可以帮助听者与故事建立起一种充满想象力的连结。在一段完整的故事之旅中，隐喻往往既充当负面的角色（充当使行为或状况失衡的障碍、诱惑者或诱惑物），又充当正面的角色（使行为或状况恢复完整或平衡的帮助者或引导者）。

努力想象一下这样的场景：专门为一个总骚扰其他孩子的孩子写一个故事。如果故事直接讲一个孩子总骚扰其他孩子，直到其他孩子拒绝跟他做朋友，他才学会停止骚扰别人。在课堂上讲这个故事的话，因为缺乏隐喻，无法将孩子们带入想象世界，孩子们就会努力猜想这个故事是在讲谁，老师的话就可能会突然被某个孩子的一声叫喊打断："乔希就这样，他骚扰每一个人！"所以，这样一个缺乏隐喻意象的例子能否称之为故事，甚至都是一个问题。

现在，让我们针对同一个案例，用隐喻来创作一个故事。

从"明喻"开始，对创作故事很有益："一个总骚扰别人、讨人厌的孩子，就像有八只触手的章鱼一样，会把触手伸到每一个角落"，把"就像"和"一样"去掉，我们的故事就可以开始了：

小章鱼奥奇对海洋里的朋友们来说，是一个持续的烦恼。他好像不是在骚扰这个，就是在纠缠那个，不然就是同时干扰所有人。不管朋友们在做什么，不论他们要去哪里，奥奇的八只长触手都很碍事。一只触手勾住螃蟹的钳爪，一只伸进了石斑鱼的嘴里，一只挠着海星的脚，还有一只拖了一簇海草到他们的游乐场里。

在故事中，奥奇的触手是"障碍"，海洋里的朋友们大喊着让奥奇走开也是"障碍"。

走开！奥奇，走开！我们不喜欢你的玩法！
走开！奥奇！走开！你的触手很碍事！

然后，海龟作为睿智的帮助者出现了。接着，更多"有帮助的"隐喻出现了：长长的海草、拉着海草往前走的海洋朋友们。

故事总是有办法

解决方案是：章鱼奥奇的"自我进步"——能控制自己的触手，并且学会了真正的游泳方式。

这个故事同时使用了障碍和有帮助的隐喻，提供了一个简单的转变过程，从"骚扰朋友们、缺乏控制"变为"令人愉快的朋友和更好的自我控制"。通过轻松幽默的方式，这个故事引出了一个积极的解决方案，让章鱼的行为恢复了平衡。

注：完整的故事叫"讨人厌的章鱼"，选自书中的第一辑"儿童行为故事"。

我的故事之旅

20世纪80年代早期，我第一次接触讲故事。当时，我有幸在华德福学校工作，他们以故事为中心的课程极大地丰富了我的教学风格。我还曾在非洲生活过，体验过当地的传统文化——人们会把故事融入生活的方方面面。这鼓励我进一步去尝试挖掘故事的力量，将故事的力量应用于自己的孩子身上，也应用于教学工作中。

作为母亲,我最成功的经历之一是创作了一个关于手工玩偶"云朵男孩"的故事。我运用故事的力量,与没完没了地侵害我们的家庭和私生活的现代商业"怪兽"作斗争,帮助我的小儿子(当时正值易受影响的5岁)从"宇宙主宰者"这种商业化的战士玩偶的控制中挣脱了出来。从那以后,"云朵男孩"成了我儿子最亲密的伙伴,之后很多年一直是我们家的一份子——家庭相册里也有他的身影。现在,他还在我儿子结婚后住的新家里,等着孩子们跟他一起玩。

作为教师,最令我难忘的讲故事经历之一是以学校附近的森林为对象创作的"敲门树林"系列故事。当时,我还是一名新上任的教师,带全班的孩子去大自然里漫步对我来说很吃力——他们喜欢大喊大叫,到处乱跑。实际上,由于担心他们的安全,我内心承受着很大的压力,渐渐不愿意带孩子们走出校门了。在"敲门树林"故事的帮助下,每周一次的森林漫步变成了我们在大自然中美好、有趣的经历之一。这次故事创作的成功鼓励我向故事创作者这一职业发展,也极大地增加了我教学的乐趣。

在多年的教学工作和家长咨询工作中,我发现针对儿童特定的或普遍的挑战性行为,故事可以发挥巨大的作用。从2001年到 2003 年，我与澳大利亚政府合作，主持"创造性的家长支持项目"，致力于创作"故事良药"。这项工作要常去家访，家访后，我根据自己观察到的孩子的各种障碍和状况，有针对性地创作出一个个故事，帮助家长改变孩子的失衡行为，因此常常感觉自己像一个"故事医生"。之后，我的工作进一步扩展到为家长和教师开设创造性的培训课程，鼓励他们采取富于想象力的方式（歌谣、诗歌、游戏和故事）去应对孩子的失衡行为。我的家访工作与工作坊的开展结出了累累硕果，让我进一步证实了隐喻和治疗性故事在家长和教师养育孩子的过程中的作用。

现在，我的工作主要是收集、整理和创作治疗性故事，并举办工作坊，鼓励其他人创作治疗性故事。过去 30 年来，我看到故事的力量对许多儿童和成年人产生了积极的效果，因此，我满怀热情地相信，很多时候，"故事知道怎么办"！

我生命中这项令我深感荣幸的使命——针对世界上所有的挑战性行为和状况，发展讲述治疗性故事的艺术，让我备感兴奋。我相信，现代生活越来越需要故事的整体价值——不论何种状况，不论哪个年龄段的人。

书中的三辑故事都体现了治疗性故事的力量。这些故事是为了供你阅读或讲给你的孩子听而创作的。药可以帮助人们恢复整体健康，使失衡的身体状态恢复平衡。故事良药则可以作为一种富于想象力的有效策略，帮助人们将失衡行为恢复平衡，将出问题的状况恢复完整。

这本精选的故事集适合 2～10 岁的孩子，其中一些故事显然是为年龄较小的孩子创作的，另一些故事线较为复杂的故事则是为年龄较大的孩子创作的。但故事不只限于某一个年龄阶段，有时，给幼儿创作的故事对青少年甚至成年读者也有治疗作用。

希望你和你的孩子能从这些故事中获得乐趣，一如我在创作和整理这些故事时得到了许多的乐趣。

苏珊·佩罗

澳大利亚，兰诺克斯海德（Lennox Head）

2014 年 11 月

编者的话

"很久很久以前……",这种悠远的故事开头往往能让人联想到一幅美好的画面:一位妈妈、一位老祖母或一位老师坐在柔和的灯光下,以轻柔的语调给围坐在身边的孩子们讲故事。那是多么温柔而隽永的时光啊。

虽然时光不停地流逝,人类文明却以编故事、讲故事的方式一代代口耳相传。听故事是许多人童年记忆的一部分,讲故事则是成年人能给孩子最好的礼物之一。童年时听到的故事,有一些我们仍然印象深刻,并成为了我们对这个世界怀抱美好信念的根源之一。可见故事的滋养和影响是绵长的,能奠定一颗颗柔软又勇敢的心灵。

这本书是继《故事知道怎么办》和《故事知道怎么办2》之后,

我们为苏珊出版的第三本中文著作。近年来，在为世界各地的家长、教师、治疗师开设故事课程、举办工作坊之余，苏珊一直在整理、改编多年间从世界各地收集到的故事素材，创作新的故事。

本书由三个故事集构成，涵盖有针对性的三大主题。这是我们第一次出版故事集，从某种意义上说，故事集更为纯粹、直接。即便一些读者不了解苏珊的故事理论，但只要把书中的故事讲给孩子听，也能对孩子产生好的影响。书中的绝大多数故事从未以纸质书的形式出版过；出于新的立意，苏珊还将此前出版的纸质书中的几则故事改编后收了进来。

到底什么故事是适合孩子的？

在注重儿童全面发展的华德福教育中，故事承担着非常重要的作用。苏珊当过多年的华德福教师，还做过家长咨询和教师培训工作，精通创作故事和讲故事的艺术，被称为"故事医生"，对于什么故事适合孩子有明确的判断。适合孩子的故事会针对孩子的心理，能满足孩子的成长需要、引导孩子纠正失衡行为，并具备一定的治疗作用。连书里的插画，苏珊也要求尽量自然、真实和柔和；她还要求巨兽、怪兽等形象不能吓到孩子，同时为孩子保留充分的想象空间。

我们的译者是一位长年给孩子讲故事的妈妈，很了解讲故事所需要的节奏和韵律，因此赋予了书中的故事以口语化、押韵式的翻译风格，这也符合苏珊对故事押韵和韵律的重视。为了便于读者进一步了解，我们还在一些专业术语后面附上了英文。

这些故事是如此动人又寓意深厚：《大老鼠潘雅》里的动物们都有着非洲的质朴天真，连坏蛋鬣狗也那么憨傻可爱；《光之公主与银海豚》不仅仅对孩子有帮助，当我们读到光之公主在银海豚的帮助下走出了困境，重新找回了内心的光芒和阳光般灿烂的笑容，相信许多成年读者的内心也能产生深深的共鸣、受到温暖的激励。

苏珊的故事是开放的，父母、教师等故事创作新手可以拿来改编或学习参考：可以改编成新的故事；也可以改编成话剧、木偶剧、音乐剧等其他艺术形式。

故事无国界，正如人性相类。故事对孩子人格和心灵潜移默化的养育作用也是一样的，不论是来自哪一国的故事，不论是讲给哪一国的孩子听。

一些故事有疗愈作用，一些故事能让孩子安静下来，一些故事能壮大孩子的内心，一些故事能带给孩子希望和鼓励……总之，好的故事对孩子多多少少都会有帮助，故事总是有办法的。

让我们好好享受苏珊的这些故事吧，不论讲故事的大人还是听故事的孩子，让我们深深沉浸在故事营造的瑰丽世界之中，跟故事中的人物一起面对困境、一起历险、一起成长。

第一辑　儿童行为故事

引言：故事良药

如同药能帮助人们在失衡状态下恢复整体健康和平衡，故事良药可以作为一种富于想象力的有效策略，帮助人们将失衡行为恢复平衡，将出问题的状况恢复完整。

从《暴躁的凤头鹦鹉》到《挑食的芙芙》，从《邋遢的美人鱼》到《讨人厌的章鱼》，从《吹毛求疵的王后》到《极其任性的木琴》，这个主题的行为故事鼓励你在养育和教育孩子的过程中，将故事良药作为一个创造性的工具来使用。

这个主题的所有故事都从令人不满的或失衡的状态开始，通过隐喻和富于想象力的故事旅程，将故事引向一个令人满意的解决方案。这样，故事就能潜移默化地培养孩子的正向价值观。

这些故事中涵盖了许多种全世界常见的儿童行为，这些行为都包含在故事标题中，如焦虑、霸道、暴躁、挑剔、挑食、贪心、吵闹、害羞、不听话以及抱怨等等。

读者可以按书上的内容直接给孩子讲故事，也可以将其适当改编为家庭自制的图画书和木偶剧，或以此为跳板，创作自己的故事。

在这个主题的故事中，有一些很轻松，有一些主题比较严肃；有一些很简短，有一些则比较长；有一些改编自我以前出版的故事书，但大部分是专门为这本书创作的。

这个主题的故事适合2～10岁的孩子。

一些故事明显是为年龄比较小的孩子创作的（比如《河马不会用新牙》，一首针对孩子咬人行为的故事诗），一些故事线更为复杂的故事适合年龄较大的孩子（比如《贪心的园艺锹》

《完美主义者帕特》《唱歌的蛇和跳舞的熊》以及《抱怨的吹哨人》)。

但故事并不只针对特定年龄段的读者。有时,为幼儿创作的故事也能促进青少年甚至成年读者的转变。

你是否对别人不宽容?是否对一切满不在乎,无动于衷(《满不在乎的黄色游艇》)?是否有时脾气暴躁(《暴躁的凤头鹦鹉》)?

在许多传统文化中,智慧的长者在教导家族和部落中的儿童时,会自然而然地运用故事。他们用智慧的故事来引导和管理儿童的行为,走入儿童富于想象力的世界之中,以积极上进的方式影响儿童。

这个主题的故事鼓励人们重新运用故事来引导、转化孩子的行为。

尽管这些故事并不能治愈所有疾病、解决所有困难和挑战,但这些故事美妙非凡,使你能以更愉悦的方式代替唠叨和说教。

有时,"奇迹"会发生,故事会起作用!

皮皮霸霸风

皮皮霸霸风的脾气就像牛仔——他好像只会刮起一阵阵呜呜作响的狂风。他像一个骑着烈马的骑手，一整天在大地上奔来跑去，一会儿撞到大树，一会儿把石头刮下山顶，一会儿撕扯着花园里的矮灌木，一会儿又卷起沙子打旋……皮皮霸霸风到处搞破坏。更糟糕的是，搞破坏让皮皮霸霸风感到其乐无穷。

皮皮霸霸风没有朋友。谁会愿意和烈马骑手交朋友呢？皮皮霸霸风整天只能刮呜呜作响的狂风，他遇到的每个人和每样东西都遭了殃。皮皮霸霸风刮过时，最粗壮、最高大的树也只能抱紧双臂。最粗壮、最高大的树知道皮皮霸霸风破坏的后果。皮皮霸霸风刮过时，岩石缝中生长的花儿也吓得浑身发抖。花儿们知道，

如果不想花瓣被吹落，就要躲着皮皮霸霸风。

然而有一天，一切都变了。那天，皮皮霸霸风在一个峡谷里上蹿下跳，高高兴兴地把峡谷里的东西从内向外、从上到下扯来扯去，抽打来抽打去。后来，皮皮霸霸风跑进了一个没有出口、满布岩石的峡谷。他不能像往常一样猛刮一阵呜呜作响的狂风，再从另一头跑出去，而是直直地撞到一面岩壁上，又直直地反弹到另一面岩壁上，然后再反弹回来……

皮皮霸霸风在岩壁间撞来撞去，很多次之后，他终于筋疲力尽了，就像一个从烈马背上跌落的骑手——累得哪里都去不了了！他躺在谷底，等着力气恢复一点后再继续搞破坏。

这时，皮皮霸霸风听到了新的声音——跟他往常制造的巨大噪音不同的声音……有趣的声音……愉悦的声音……像瀑布落下悬崖，又叮咚叮咚掉进水潭的声音……像小鸟隔着山谷呼朋引伴的声音……像忙碌的蜜蜂在花丛中嘤嘤嗡嗡的声音。

皮皮霸霸风心里充满了惊奇和感叹。以前他怎么就没听到这些声音呢？他久久地躺在谷底，听到了越来越多的声音。最后，他恢复了体力，可以腾空而起，四处跑了。但在那天，皮皮霸霸风发现了一件让他很兴奋的事——只要他小心地、轻轻地跑，他就还能听到不同的新声音。他小心地、轻轻地跑出峡谷，穿过大地，一路上，他发现随处都有更多的声音等着他去发现。

当然了，我们知道风不会一直都小心地、轻轻地吹。有时皮皮霸霸风需要发发牛仔脾气——狂风大作，呜呜作响！但皮皮霸霸风也学会了新的本领——他成为能控制缰绳的烈马骑手了！他能在天上吹出呜呜的狂风，也能贴着地面小心地、轻轻地吹着和风。

就这样，皮皮霸霸风开始交新朋友了，他们给他改名叫皮皮风。他和小鸟做了朋友，和蜜蜂做了朋友，和蝴蝶也做了朋友，他甚至还和人类的孩子们做了朋友。以前，在他总刮呜呜作响的狂风时，孩子们见到他就跑，都躲着他。

和孩子们做朋友多好玩呀！他们是皮皮霸霸风最喜欢的朋友。他们喜欢和他追逐嬉戏，跟他一起跳舞，还唱歌给他听；他们喜欢和他一起转圈、打滚、奔跑；他们最喜欢和他一起放五颜六色的风筝。

现在，皮皮霸霸风的生活完全变了个样子！

暴躁的凤头鹦鹉

森林里的朋友们都不太喜欢凤头鹦鹉。

她总是怒气冲冲的,一发火就会用喙啄伤朋友们,这让他们很厌烦。

有一天,猫头鹰决定召开一次会议,商量怎么制止凤头鹦鹉的行为。

负鼠、丛林鼠和澳洲巨蜥都来出主意。

"我们就该马上把她的喙割掉。"负鼠说。上星期,凤头鹦鹉狠狠地啄了一下他长长的尾巴，直到现在他都还在养伤呢。

"要不我们把她的喙粘起来？"丛林鼠提议。由于凤头鹦鹉的不友好行为，他被啄掉了几处闪亮的毛皮。

"要不就把她的喙绑起来，用一根很结实的绳子？"澳洲巨蜥喊道。就在那天早上，凤头鹦鹉啄了他的脚。

猫头鹰想尽力成为森林里最宽容的朋友，他说："要是我们能帮助她学会跟别人友好相处，又会怎样呢？"

"这主意很好，猫头鹰，可在她学习的期间，我们该怎么办呢？"大家一齐嚷道。他们受够了凤头鹦鹉的暴躁脾气，也不相信她能改掉自己的坏毛病。

猫头鹰在森林小道上来来回回地慢慢踱着步，用誉满天下的猫头鹰的智慧思考着。突然，他在长长的垂藤边停下了脚步，"有办法了，"他对大家说，"我会为凤头鹦鹉织一个厚厚的套子，让她戴在喙上，这会有助于她学习体贴别人。"

想到这个办法后,猫头鹰很兴奋。他捡来几根棍子,带回树上的巢里做编织机。同时,森林里的其他朋友也很不情愿地答应去捡一些长藤。猫头鹰回到巢里时,巢里已经准备好了一大堆藤条,于是他开始动手为凤头鹦鹉编织戴在喙上的套子。

他刚刚织完,凤头鹦鹉就来了。"你们在做什么呢,朋友们?"她问。当然了,她也很好奇,想知道她的朋友们一早上都在忙活些什么。

猫头鹰马上说:"凤头鹦鹉,我们有件礼物送给你。"然后拿出套子给凤头鹦鹉试。啊,凤头鹦鹉大吃一惊,此时连一根老鹰的羽毛都能把她撂倒。以前从没有人送她这样的礼物。她马上把套子戴在喙上,不大不小刚刚好!

然后,森林里的朋友们一起玩——不啄也不咬,只是开心地一起玩,直到天黑。凤头鹦鹉的朋友们简直不敢相信,凤头鹦鹉也不敢相信。你明白的,对凤头鹦鹉来说,那天发生了新鲜的事。当她的喙又温暖又舒服地包在套子里时,她再也不像以前那样暴躁了。

当然，凤头鹦鹉要是肚子饿了，就取下套子，在森林里觅食。但在跟朋友们一起玩之前，她总会把套子戴在尖尖的喙上。看来那个套子让她感到高兴，当然也让她变得更体贴别人了。

但编织的套子不能用很久。有一天，凤头鹦鹉在森林里飞的时候，用旧了的、满是洞眼的套子从她的喙上掉了下来，倒挂在一根树枝上。碰巧一只小鸟飞来，他修补好了套子，然后用套子做了春天时的巢。还好，现在凤头鹦鹉已经学会只用喙觅食和吃饭了。她现在知道在跟朋友一起玩时，要怎么做才能更周到。

森林里的朋友们都很佩服猫头鹰的智慧。从那天起，他们有解决不了的难题，就总去请猫头鹰想办法——猫头鹰的办法往往是最好的。

挑食的芙芙

　　从前,在一个不远的地方,有个名叫芙芙的小女孩。

　　芙芙的家很特别,叫食物房子。房子里有许多不同的房间——草莓房间、胡萝卜房间、杏子房间、黄瓜房间、苹果房间、辣椒房间、橙子房间、面包房间,还有很多很多其他房间……多到一个故事都说不完。实际上,所有你能想到的食物都有一个对应的房间!那是一栋非常非常非常大的房子!

　　食物房子中央是个饭厅——很大的饭厅,里面有张很长的桌子。芙芙有很多兄弟姐妹,所以饭厅里的桌子很长。

每天吃饭的时候,芙芙的家人就一起坐在饭厅里。芙芙的妈妈(有时候是爸爸)会到很多房间去采集食物,为全家人煮美味的饭菜。可不管饭菜有多香,芙芙都只喜欢吃面包。

很久以前,芙芙就发现了面包房间,之后就总想去那儿玩。面包房间里的所有东西都是面包做的(当然了)。对芙芙来说,那真是太好了——她喜欢坐在面包椅子上,从面包桌子上一点一点地咬面包吃,在面包架子上爬上爬下,在面包小沙发边跳来跳去。面包房间绝对是整栋房子里芙芙最爱的房间。

当妈妈为全家人端上一碗碗蔬菜汤时,芙芙会把碗推开,说:"不不不,这个我不喜欢。"然后就跑去面包房间玩。

当爸爸为全家人端上一碗碗水果沙拉时,芙芙会把碗推开,说:"烦烦烦,那个我不喜欢。"然后就跑去面包房间玩。

芙芙的爸爸妈妈听芙芙说这种话都听烦了,对女儿总去面包房间玩,并且只吃面包感到很担忧。

芙芙的爸爸妈妈不知道该怎么办。

有一天，芙芙在面包房间玩的时候，注意到墙上有一扇以前没见过的门。这是一扇小小的门，只有芙芙的手那么大，门上还有一个小小的金色把手。

芙芙是个好奇的孩子，她转动金色的小把手，推开了小门。门咯吱咯吱地开了，芙芙把手伸进去摸，摸出了一颗熟透了的红草莓，这真令她惊讶！原来，面包房间那扇小小的门直接通向草莓房间。

那颗熟透了的红草莓闻起来香甜可口，芙芙把它放进嘴里，全吃光了。

在饭厅里吃下一顿饭时，芙芙问爸爸妈妈："我能吃点草莓吗？"然后吃了几颗熟透了的红草莓，她的爸爸妈妈在一边看着，高兴极了。吃完饭，芙芙又跑去面包房间玩了。

坐到面包椅子上，从面包桌子上咬了一点面包后，芙芙开始东张西望地四处寻找那扇小门，发现它这次跑到了墙上的另一个地方。

芙芙是个好奇的孩子，她转动金色的小把手，推开了小门。跟上次一样，门咯吱咯吱地开了，芙芙把手伸进去摸，摸出了一根发亮的橙色胡萝卜，这真令她惊讶！原来，面包房间那扇小小的门直接通向胡萝卜房间。

那根发亮的橙色胡萝卜看起来脆脆的很好吃，芙芙于是全吃光了。

在饭厅里吃下一顿饭时，芙芙问爸爸妈妈："我能吃点胡萝卜吗？"然后嘎吱嘎吱地吃了一些胡萝卜，她的爸爸妈妈在一边看着，高兴极了。吃完饭，芙芙又跑去面包房间玩了。

坐到面包椅子上，从面包桌子上咬了一点面包后，芙芙又开始东张西望地四处寻找那扇小门，发现它这次跑到了墙上的又一个地方！

芙芙是个好奇的孩子，她转动金色的小把手，推开了小门。跟前两次一样，门咯吱咯吱地开了，芙芙把手伸进去摸，摸出了一颗又圆又滑的杏子，这真令她惊讶！原来，面包房间那扇小小的门现在直接通向杏子房间。

那颗又圆又滑的杏子闻起来香甜可口,芙芙于是全吃光了(当然,她吐掉了杏核)。

在饭厅里吃下一顿饭时,芙芙问爸爸妈妈:"我能吃点杏子吗?"然后吃了几颗又圆又滑的杏子,她的爸爸妈妈在一边看着,高兴极了。吃完饭,芙芙又跑去面包房间玩了。

从那以后,只要芙芙在面包房间玩,那扇小门的位置就都不一样。下一次去面包房间玩时,小门通向黄瓜房间;再下一次,就通向了苹果房间;后来又通向辣椒房间,再后来通向橙子房间……那栋房子里的房间实在太多了,一个故事根本就说不完!

过了一段时间,芙芙发现面包房间的墙上不止一扇小门,而是有许多扇小门,分别通向各种食物的房间。

别忘了,在那栋食物房子里,你能想到的每种食物都有一个房间。那是一栋非常非常非常大的房子!

芙芙在那栋非常非常非常大的房子里展开的新冒险,持续了很长很长很长时间。

给父母们和教师的建议：讲这个故事时，故事里"面包房间"的名称可以换成你们的孩子偏爱的食物——意大利面？米饭？土豆？其他房间的名称可以换成你们很想让孩子尝试的食物。

贪心的园艺锹

在花朵先生的棚子里,一把崭新的园艺锹坐在角落里。旁边的工具都旧了,而它崭崭新新的,手柄上还刻着大写的"花朵农场"几个字,显得很重要的样子。此刻,它正因为激动而闪闪发光,期待着未来的冒险之旅。

第二天一早,花朵先生来到棚子门口,拿起园艺锹。春天到了,他打算栽些花树的树苗,今天要挖很多坑呢!他拿起园艺锹,在农场里挖了一长排又一长排深深的坑。园艺锹高兴极了。它多喜欢挖坑呀!它一边挖,一边唱着挖坑歌:

挖啊挖,向下挖,我在地上挖坑坑;

挖啊挖，这样挖，整天都在挖坑坑。

到上午十点左右，花朵先生已经挖好了所有的坑，准备种树了。他停下来，想休息一会儿，于是把园艺锹放在房子边上，自己进屋去泡杯茶喝。

园艺锹看到农场里还有一大片土地等着挖，它还不准备休息呢，还想多挖一会儿！

于是，园艺锹一蹦一跳，离开了房子，朝外跳去，一边跳一边唱，一边唱挖坑歌一边挖着坑：

挖啊挖，向下挖，我在地上挖坑坑；
挖啊挖，这样挖，整天都在挖坑坑。

花朵先生喝完茶，走出屋子准备种树，却到处都找不到园艺锹。花朵先生需要用园艺锹把小树栽进坑里。花朵先生需要用园艺锹把小树周围的土填上。花朵先生需要用园艺锹把小树周围的土拍实，让小树站得直直的、稳稳的。

但园艺锹不知道这些,它跑出去挖坑了。花朵先生喝完茶时,园艺锹已经在花朵农场的所有田里都挖了一排坑了。

然后,园艺锹跳到农场的另一头,跳过篱笆,沿着一条路往前跳,一边跳一边唱,一边唱挖坑歌一边挖着坑:

挖啊挖,向下挖,我在地上挖坑坑;
挖啊挖,这样挖,整天都在挖坑坑。

那条路通向一个小镇。园艺锹沿路不停地挖着坑,一直挖到镇上,又一边跳一边在镇上的所有街道上挖坑。它很贪心,还想挖更多的坑!怎么挖也挖不够!天黑了,它还继续一边跳一边挖,一边跳一边挖,并且一边唱着歌:

挖啊挖,向下挖,我在地上挖坑坑;
挖啊挖,这样挖,整天都在挖坑坑。

第二天早上,园艺锹已经挖着坑离开了小镇,又沿路往一片沙滩跳去。沙子挖起来多软啊!园艺锹开始干活了,它要在沙滩中央挖一个好大好大的坑。它一边挖一边唱着挖坑歌。

但贪心的园艺锹没有想到，软软的沙坑实在太深了。它挖完第一个大坑，就困在里面跳不出来了，也没有办法继续挖坑了，它只好待在沙坑里。一整天过去了，园艺锹希望有人来救它。它一直忙着挖坑，已经挖累了，连唱歌的力气都没有了。

园艺锹离开花朵农场后，花朵先生就一路沿着它挖的坑去找它……他穿过农场，沿着那条路走，走过了那个小镇的街道，最后来到那片沙滩上。

当花朵先生看到园艺锹在深深的沙坑里苦苦等待时，他高兴地笑了。

"你好，我的好朋友，现在该把你带回家了，"花朵先生一边说，一边弯下腰拿起园艺锹，"在回家的路上，我会告诉你园艺锹还能做的其他事情。"

花朵先生把园艺锹夹在手臂下，沿着园艺锹挖的坑走回家去。每路过一个坑，他就用坚实的园艺锹铲起泥土，把坑填平，又用园艺锹把土拍实。他们走了很长时间，因为一路上有许多许多的坑要填平。

终于，花朵先生回到了花朵农场，把园艺锹放回棚子里。第二天一早，花朵先生来到棚子门口，拿出园艺锹。

花朵先生和园艺锹又开始工作了——今天要种好多好多树。

花朵先生用园艺锹把小树栽进坑里。花朵先生用园艺锹把小树周围的土填上。花朵先生用园艺锹把小树周围的土拍实，让小树站得直直的、稳稳的。

园艺锹学会了这些新本领，心里很高兴。它忙着做它的新工作，很满足地待在花朵农场里，再也不跑出去到处挖坑了。现在，它唱起了一首新歌：

挖啊挖，向下挖，我在地上挖坑坑；
种啊种，这样种，整天都在种树苗。

河马不会用新牙

河马宝宝长新牙，

怎么用却难倒她，

宝宝喜欢新朋友，

可是他们全逃走！

小斑马，来玩耍，

河马咬了他一下，

小斑马，不肯留，

小斑马，他要走。

长颈鹿，来玩耍，

故事总是有办法

河马咬了他一下，
长颈鹿，不肯留，
长颈鹿，他要走。

小狒狒，来玩耍，
河马咬了他一下，
小狒狒，不肯留，
小狒狒，他要走。

小乌龟，来玩耍，
河马咬了他一下，
可是，哎哟——
乌龟的壳硬又厚，
哎哟——
河马宝宝咬不动！

小乌龟，很聪明，
留下来陪河马玩，
教给河马新办法：
"咬口青草香又甜，

河马吃草乐开颜。"

河马宝宝用新牙,
把香甜的青草咬又嚼。
小伙伴们都来玩,
一玩就是一整天!

小气鬼鸢尾花

从前,有三只蝴蝶姐妹,分别叫紫蝴蝶、黄蝴蝶和蓝蝴蝶。她们每天在花丛中飞来飞去,在阳光下采集花粉。

有一天,她们来到一座开满美丽鸢尾花的新花园,忙着采集花粉。这时,一些雨云开始聚集,天色变得很暗,接着就下起雨来。雨下啊下,蝴蝶姐妹们的翅膀很快就湿透了。可是回家的路还很远,她们只能在大雨里飞,去找个地方避雨。

蝴蝶三姐妹飞到一朵紫色鸢尾花面前,问:"亲爱的紫色鸢尾花,我们被大雨淋湿了。你能不能张开花瓣,让我们进去避避雨啊?"

紫色鸢尾花回答说:"只有紫蝴蝶才能进来,因为她跟我颜色一样。"

紫蝴蝶说:"如果你不让我的姐妹们进去,那我宁愿在雨里飞,去找别的地方避雨。"

于是,她们在雨里继续飞,去找个干燥的地方休息。

很快,蝴蝶三姐妹飞到一朵黄色鸢尾花面前,问:"亲爱的黄色鸢尾花,我们被大雨淋湿了。你能不能张开花瓣,让我们进去避避雨啊?"

黄色鸢尾花回答说:"只有黄蝴蝶才能进来,因为她跟我颜色一样。"

黄蝴蝶说:"如果你不让我的姐妹们进去,那我宁愿在雨里飞,去找别的地方避雨。"

于是,她们在雨里继续飞。

过了一会儿,蝴蝶三姐妹又看见了一朵蓝色鸢尾花,于是飞过去,问:

"亲爱的蓝色鸢尾花,我们被大雨淋湿了。你能不能张开花瓣,让我们进去避避雨啊?"

蓝色鸢尾花回答说:"只有蓝蝴蝶才能进来,因为她跟我颜色一样。"

蓝蝴蝶说:"如果你不让我的姐妹们进去,那我宁愿在雨里飞,去找别的地方避雨。"

于是,她们在雨里继续飞,去找个地方晾干翅膀。

太阳公公从天上的雨云背后俯瞰着这一切,他看到蝴蝶姐妹们相亲相爱,不离不弃,觉得很美好,于是拨开雨云,把阳光洒向了大地。

阳光把蝴蝶姐妹们的翅膀晒干了,她们抬起头,想感谢太阳公公。这时,她们看到了一幅美景——天空中横跨着一道彩虹,红、橙、黄、绿、青、蓝、紫,好看极了。

太阳公公在天空中留下这样一份特殊的礼物,是想让大家知道,各种颜色的事物可以快乐地待在一起。

爱踢人的小袋鼠

在一个很远很远的地方,住着两个好朋友——小袋鼠和小野狗,他们用昵称来彼此称呼——阿袋、阿狗,灌木丛里的其他动物也这么叫他们。

以前,两个好朋友每天都跟着自己的家人到同一个水坑边去喝水,所以常常能遇到。他们喜欢一起玩——从泥泞的水坑边往下滑、在水坑里溅起一片水花、在水坑边的柳树林里捉迷藏。

阿袋一天天长大了,变得越来越强壮,开始用他那袋鼠有力的脚去踢他的朋友。他学会了用尾巴保持平衡,然后用强壮双脚去踢阿狗。阿袋觉得这样很好玩,甚至一边踢一边唱:

踢啊踢，

整天踢啊踢，

我爱这样踢啊踢。

阿狗一点儿也不觉得这个新游戏好玩，于是尽量躲得远远的。但阿袋总能找到阿狗，用他那袋鼠有力的脚去踢阿狗，一边踢一边唱：

踢啊踢，

整天踢啊踢，

我爱这样踢啊踢。

后来，阿狗一家发现了另一个水坑，每天都到那儿去喝水；而阿袋一家还去原来的水坑，于是就没人跟阿袋一起玩了。他只好去踢树，一边踢一边唱：

踢啊踢，

整天踢啊踢，

我爱这样踢啊踢。

但老柳树的树干好硬啊,"哎哟,脚好疼!"小袋鼠很快就不玩这个游戏了,他怕疼。

日子一天天过去,雨季来了。下雨的时候,到处都有水喝——岩石间积了小水洼,高高的草丛间流淌着小溪,阿袋一家再也不用辛苦地跑到水坑那儿去喝水了。

但雨季一过,炎热的夏天就来了,小溪和岩石间的小水洼都渐渐干了。

阿袋一家又回到水坑那儿去找水喝。可是,他们看到的景象跟以前很不一样,雨季时下的雨把几棵柳树宝宝从泥泞的水坑边冲到了水里,柳树妈妈正在大声呼救。

阿袋用强壮的双手把柳树宝宝从水里捡起来,一棵接一棵,再把它们带到离又泥泞又滑溜的水岸远远的地方。然后,他用他那强壮的双脚刨开又硬又干的地面,在肥沃的褐色土地上挖好一个个坑,再把柳树宝宝们种进那些安全的新家里。

这样用双脚在坚硬的地上又跺又刨,让阿袋感觉很好。他卖力地做着这个新工作，直到天快黑了，他累得再也不想踢任何东西了，但他感到前所未有的高兴和满足。

从那以后，柳树妈妈和所有的柳树宝宝都成了阿袋的新朋友。在炎热的夏日里，他们就请阿袋一家睡在他们的树荫下面。

过了一段时间，阿狗和他的家人也回到这个水坑边来喝水。在炎热的夏日里，他们也睡在柳树的树荫下面。

阿袋和阿狗又在一起玩了，他们都很高兴。他们从泥泞的水坑边往下滑、在水坑里溅起一片水花、在新长成的柳树的树荫下面玩耍。刮大风时，柳条们会弯下腰，在他们的背上挠痒痒；柳叶们则唱起沙沙作响的歌，为他们催眠。

嘎嘎叫的琴鸟

有一只小琴鸟正在长个子,她最好的朋友是一群凤头鹦鹉。

"嘎,嘎,嘎,嘎",凤头鹦鹉是这么叫的。

于是,"嘎,嘎,嘎,嘎",小琴鸟也学着这么叫了。

她妈妈一直叫她不要叫得那么大声,但小琴鸟回答说:

"嘎,嘎,嘎,嘎,琴鸟就是这么叫的。"

她爸爸一直叫她不要叫得那么大声,但小琴鸟回答说:

"嘎，嘎，嘎，嘎，琴鸟就是这么叫的。"

她的堂兄弟、堂姐妹也一直叫她不要叫得那么大声，但小琴鸟回答说：

"嘎，嘎，嘎，嘎，琴鸟就是这么叫的。"

一天，小琴鸟离开了凤头鹦鹉们嘎嘎叫的地方，一直走出了那片琴鸟家族从树叶中觅食的森林。她走啊走，最后发现自己来到一条以前从没到过的林间小路上。

这个新地方有点不对劲儿……过了一会儿，小琴鸟才想明白这里到底有什么不对劲儿。

她意识到，这片森林里没有凤头鹦鹉"嘎嘎嘎"的叫声，非常安静。

小琴鸟甚至可以听到蝴蝶飞过林间空地时扇动翅膀的声音，可以听到蜜蜂在花丛中飞舞时发出的嗡嗡声，可以听到钟鸣鸟在灌木丛深处的巢中歌唱，可以听到笑翠鸟在高高的树梢上大笑。

小琴鸟简直不敢相信自己听到了这么多种新的声音。她开始学着发出一些不同的声音——她像蝴蝶一样发出扇动翅膀的声音，像蜜蜂一样发出嗡嗡声，像钟鸣鸟一样歌唱，像笑翠鸟一样大笑。

小琴鸟简直不敢相信自己可以发出这么多种新的声音，别提有多高兴了。

她想："作为一只能发出许多种不同声音的鸟，我可真是幸运啊。"然后就走回了家，跟她的家人一起觅食。

从那以后，小琴鸟就常常到那片比较安静的森林中去。她仍然会去拜访她的朋友——凤头鹦鹉们，但隔一段时间才去一次，因为她实在太忙了——忙着在那片新发现的森林里学习发出新的声音。

邋遢的美人鱼

在大海中一片广阔的珊瑚礁里,有一个注满碧蓝海水的洞穴,里面住着一个小美人鱼。洞穴的一扇门通向深海,另一扇门通向一条隧道,那条隧道在颜色鲜艳的珊瑚礁中弯进弯出。

小美人鱼喜欢玩,小美人鱼喜欢玩美丽的东西。她就在自己的洞穴里玩,所以洞穴里堆着许多她的宝贝——形状不同、大小各异的贝壳,发亮的鹅卵石,一堆堆不同颜色的沙子,还有在海水中不停摆荡的小块漂流木。

每天,小美人鱼都在注满碧蓝海水的洞穴里玩很长时间,还花很多时间去收集更多的宝贝。每天,她在海里游泳时都会带着特制的袋子，看到感觉新鲜的东西，就把它装进袋子里。有时，她会沿着珊瑚隧道游，收集小贝壳和卡在珊瑚礁中的小块漂流木；有时，她会在海床上游，收集发亮的鹅卵石和不同颜色的沙子。等袋子装满，她就会游回家，把新收集的宝贝倒进洞里。她对每样新东西都感到新鲜，没注意到洞穴里的宝贝已经越堆越高了。

有时，她的朋友海龟会从深海中游进她的洞穴。小美人鱼喜欢跟海龟一起玩，小美人鱼喜欢跟海龟一起玩她那些特别的宝贝。但随着贝壳、鹅卵石、沙子和小块漂流木越堆越高，他们玩耍的地方也越来越小了。

有一天，海龟来到小美人鱼的洞穴前，却发现洞穴里堆的宝贝实在太多了：贝壳、鹅卵石、沙子和漂流木堆得高高的，快堆到洞穴的顶部了，他连门都进不去了！

海龟大声喊小美人鱼，但她没听见。她正在珊瑚礁里游进游出，忙着收集更多的宝贝呢。

海龟又大喊了一声，小美人鱼还是没有回应。于是海龟决定做些什么。他游回深海，叫了几个朋友——龙虾、螃蟹、章

鱼和小鱼来帮忙。朋友们跟着海龟一起来到小美人鱼的洞穴前，开始干活了。

龙虾挥舞着大钳，举起一大堆四处摆荡的小块漂流木；螃蟹用大螯捡起小贝壳和鹅卵石；小鱼游进游出，一点点啃掉洞穴角落里长出的海草。

不过，还是章鱼的主意最妙。他把触手伸进洞穴外壁的所有角落和缝隙里，整理出了许多岩石架子和存放那些宝贝的地方。然后，大家齐心协力地整理并清洁小美人鱼的那些宝贝。他们把贝壳全放在一个岩石架上，按形状和大小分开来放。另一个岩石架上，他们将发亮的鹅卵石按颜色分开，摆成了长长的几排。他们把各种颜色的沙子扫进了洞穴后面的一个大石坑里，又专门找了一些角落来存放大小不同的漂流木。

当小美人鱼沿着珊瑚隧道游回家时，她简直不敢相信自己的眼睛！她的宝贝玩具们全都分门别类放在了岩石架上和洞穴周边的存储空间里。她的家从来没有这样整洁、漂亮过。她围着洞穴跳舞，感谢每一个海洋里的朋友——海龟、龙虾、螃蟹、章鱼和小鱼。

很快，海洋里的朋友们也跟小美人鱼一起跳起舞来。那天，小美人鱼的洞穴里充满了欢声笑语。小美人鱼从没想过她家还会有地方跳舞！

跳完舞后，朋友们各自回了家。小美人鱼跳舞跳累了，进入了甜甜的、甜甜的梦乡，睡了很久很久。

她醒来时，金色的阳光正穿过那扇通向深海的门，洒进小美人鱼那注满碧蓝海水的家里。家里的一切都跟从前不一样了——更整洁、更宽敞、更美丽。

小美人鱼环顾四周，看见她的所有宝贝都还摆在它们的新地方，心里很高兴。她从岩石架上拿下几个贝壳和几颗鹅卵石，玩了起来。她又取出几块漂流木，把它们摆开来，玩起了美人鱼式的"三级跳"游戏。她还在洞穴后面的石坑——她的新沙坑里堆沙堡。玩够了以后，小美人鱼整理好她的宝贝们，把它们放回了原处。

然后，小美人鱼又跳起舞来。

很快,海龟、螃蟹、龙虾、章鱼和小鱼又来做客了。

那天剩下的时间里,小美人鱼一直都在她那注满碧蓝海水的整洁的家里跟朋友们一起跳舞。

总是说"不"的挖掘机

从前有个农妇,她有一大片草莓田。每年春天,她都要在田里挖好多坑,来种更多的草莓。但后来,她实在没有办法用手挖那么多坑了,于是决定去镇上买一台挖掘机。她把挖掘机拴在汽车后面,把它慢慢地拖回了家。

"这台新买的挖掘机能省去我很多工作。"农妇一边说,一边骄傲地向她的两个孩子展示。"我们叫它诺比吧。"孩子们一起作了决定,这个名字是隔壁农场里他们最喜欢的一匹马的名字。

有了一个特别的新名字的同时,挖掘机还有了一间专用的车库。它的油箱装得满满的，孩子们又擦又洗，让它闪耀着明亮的红光。那天晚上，农妇上床睡觉时觉得很幸福，因为农场里有了一个新帮手。

第二天一早，农妇一醒来就到车库去了。她爬上挖掘机顶部的座位，准备开始工作。她用钥匙启动发动机，让她惊讶的是，发动机没有启动，却发出了一声叫喊：

诺比说不，什么都种不成！

农妇惊讶得差点从座位上摔下来：这是一台会说话的挖掘机！她再一次用钥匙启动发动机，那个声音再次叫喊道：

诺比说不，什么都种不成！

这一次，农妇发火了，她还有工作要做呢！她冲着挖掘机大声说："要是新买的挖掘机不工作，我要怎么挖坑种草莓啊？"但那个声音又一次叫喊道：

诺比说不，什么都种不成！

这一次,农妇从挖掘机上跳了下来,绕着挖掘机,敲敲这儿、敲敲那儿,非常非常生气,"我无论如何也要让你工作!"她喊道。但那个声音又一次叫喊道:

　　　　诺比说不,什么都种不成!

农妇不知道该怎么办,于是决定先回家泡杯茶喝。泡茶能给她思考的时间,喝茶往往能帮她想出办法。

农妇忙着烧水泡茶的时候,她的孩子们正在外面的沙堆里玩。男孩用塑料铲子在沙子里挖了一个很深的坑,女孩一桶一桶地提水往坑里倒,他们玩得乐此不疲!

突然,男孩的塑料铲子碰到了沙坑底部的石头,折成了两半。"噢不!"男孩喊道,"铲子断了,我要怎么挖坑呢?"

"噢不!"女孩喊道,"哥哥的铲子断了,挖不了坑,我要往哪里倒水呢?"

挖掘机诺比一直从它的车库里往外看,看孩子们玩沙子。男孩的塑料铲子折成两半时，诺比动起来了，它的灯在闪，它的发动机呼呼地启动了。接着，它自己开出了车库，来到沙堆前，猛地一下就挖出了一个孩子们从未见过的大坑。

孩子们笑了，诺比也笑了。孩子们一桶一桶地提水往坑里倒。诺比又挖了几个更大的坑，他们一起笑得更欢了。农妇喝完茶，走出房子时，看见了沙堆里发生的事，她也大笑起来。现在，她新买的挖掘机终于知道该怎么做一台挖掘机了！

农妇爬上挖掘机，把它开到田里去，然后跟挖掘机一起工作了一整天，直到挖够了种草莓需要的所有的坑。孩子们也来帮忙种草莓，所有工作都完成后，诺比又帮孩子们在沙堆里挖了更多的坑。回到家里，孩子们把诺比洗得干干净净的，让它闪闪地发着光。从那以后，每天晚上，诺比待在自己的车库里时，都感到非常自豪，因为它现在知道该怎么做一台挖掘机了。

不久，红红的草莓成熟了，农妇摘了一些拿到市场上去

卖。每天早上，孩子也有很多的草莓可以当早餐吃。

农妇很高兴，孩子们很高兴，挖掘机也很高兴！

讨人厌的章鱼

小章鱼奥奇对海洋里的朋友们来说是一个持续的烦恼,他好像不是在骚扰这个,就是在纠缠那个,不然就是同时干扰所有人。不管朋友们在做什么,不论他们要去哪里,奥奇的八只长触手都很碍事。一只触手勾住螃蟹的钳爪,一只伸进了石斑鱼的嘴里,一只挠着海星的脚,还有一只拖了一簇海草到他们的游乐场里。

有一天,海洋里的朋友们觉得他们已经受够了烦人的章鱼奥奇。他们决定,只要他一靠近,就一起喊:

走开!奥奇!走开!我们不喜欢你的玩法!

走开！奥奇！走开！你的触手很碍事！

但是章鱼奥奇无视大家的喊叫，继续跟在朋友们后面。他的八只长触手继续干扰别人。一只裹住了螃蟹的腿，一只扯着石斑鱼的尾巴，一只想把海星的五个角缠到一起，还有一只在游乐场中央搅起了沙子。

海洋里的朋友们继续大喊：

走开！奥奇！走开！我们不喜欢你的玩法！
走开！奥奇！走开！你的触手很碍事！

这次他们喊的声音太大了，把海龟老人都吵醒了。他游过来看发生了什么事。他看到章鱼奥奇的触手正忙着骚扰和纠缠他的朋友们，立刻看出了问题的根源，原来小章鱼奥奇还没有学会正确使用他的触手，奥奇还没有掌握章鱼的游泳方式！

海龟老人很快从海底找来了一条长长的海草，让奥奇紧紧咬住一端。"抓住另一端，"海龟老人对海洋里的朋友们喊道，"我们要拉着奥奇走。"于是，螃蟹、石斑鱼和海星紧紧抓住海草的另一端，帮着海龟老人拉了起来。他们都尽了自己最大的力气，拉呀，拉呀，拉呀。

奥奇被拉着走，他的八只触手都落在了自己的身后。还没走多远，神奇的事情发生了：他意识到有别的力量在使着力——海水从他身体的一部分进入，又从另一部分出去了——那股力量推动着他，像喷气式飞机那么快。嗖，奥奇在前进，嗖嗖地前进。奥奇意识到他现在可以松开海草了。很快，他就如喷气式飞机一般快速地超过了他的朋友们。

奥奇已经学会像一只真正的章鱼那样游泳了！从海底到浪尖，出入岩礁，没有什么能阻挡他。奥奇简直不敢相信他现在可以靠自己的力量去探索这么精彩的世界了。

从那天开始，章鱼奥奇的生活就永远地改变了。他可以像一只章鱼那样游泳了！他能喷射水流，他可以去海洋中任何他想去的地方。

有时，他会停下来拜访他的朋友们，玩有趣的游戏，比如捉迷藏、赛跑、追逐。他知道怎么游泳之后，对他的朋友来讲，他就变成了一个与之前完全不同的玩伴。海洋里的朋友们都喜欢跟奥奇一起玩儿。他们喜欢玩奥奇想玩的新游戏。很快，他们又一起喊起来：

别走，奥奇，别走，我们真喜欢你的玩法啊。

别走，奥奇，别走，留下来跟我们玩一整天吧！

完美主义者帕特

完美主义者帕特住在一栋完美的房子里,过着完美的生活——至少他自己是这么认为的!每天,他都为完美而工作着:扫地、擦架子、洗衣服、擦靴子。

他一边工作,一边唱完美之歌:

完美的房子我最爱,完美的生活真精彩!

在完美主义者帕特的生活里,处处一尘不染,事事井井有条。

每天,他都为完美而工作着:扫地、擦架子、洗衣服、擦靴子。

他一边工作，一边唱完美之歌：

完美的房子我最爱，完美的生活真精彩！

但是，完美主义者帕特的生活里也有小小的不如意。为了事事都做到完美，他总是烦恼着，晚上就睡得不太好。事实上，说真的，完美主义者帕特并没有完美的睡眠！

有一天，他掀开地毯打扫地毯下面的地板时，发现地上有一扇没见过的小门。他推开门，看见一排楼梯通向完美的房子底下很深处的一个房间。

完美主义者帕特之前从不知道有这扇门！

完美主义者帕特之前从不知道有这间房！

他手举火把，小心地走下楼梯，去探索他的新发现。可地下那个房间里空空的，地板中央只有一个盖着木头盖子、锁着金属锁的大木箱，让他大吃一惊。

房间里也没见着钥匙。

完美主义者帕特试了很多办法想打开木箱，但都没有成功，锁实在太牢固了。他只好把木箱留在那里不管，回到楼上继续过他的完美生活，他还得打扫和除尘呢！

接下来的几天，他跟往常一样为完美而工作着，尽量不去想房子下面的新发现。再接下来的几天，他还跟往常一样为完美而工作着：扫地、擦架子、洗衣服、擦靴子。

他一边工作，一边唱完美之歌：

完美的房子我最爱，完美的生活真精彩！

过了一个星期，完美主义者帕特还是忍不住去想、去猜、去牵挂大木箱里到底藏着什么。实际上，因为猜测和牵挂，他晚上更睡不好了。最后，他决定采取行动。他一手举着火把，一手拿着铁锤，沿着楼梯再次走进地下的那个房间。

不管用什么办法，完美主义者帕特一定要把箱子打开！他用铁锤砸啊砸，终于，锁被砸开了，大木箱的盖子弹了起来。

借着火把的光，完美主义者帕特看到一个非常旧、非常大的枕头——跟他一样大！枕头似乎在箱子里挤了很长时间，盖子一开，它就跳了出来。

突然，枕头爆开了一个口子，噗——成千上万片小羽毛飞了出来。它们飞进完美主义者帕特的鼻孔里（啊啾），还把他从头到脚盖了起来；它们飞上楼梯，飞进房子里，填满了每个房间；它们还飞出门窗，盖住了整个花园。

到处都是羽毛！

完美主义者帕特拿着扫帚和抹布追赶羽毛（啊啾），可是羽毛飘浮在空中，然后又落得到处都是。

完美主义者帕特跑出门外，拿着花园里用的耙子追赶羽毛，可羽毛飘浮在空中，然后又落得到处都是。

完美主义者帕特追赶羽毛追了好几个小时,累坏了,没力气再担心房子里到处都落满了羽毛,也没力气再担心房子外面到处都落满了羽毛。

完美主义者帕特筋疲力尽,倒在落满羽毛的床上睡着了。没想到,这一觉是他有生以来睡过的最香的。

吹毛求疵的王后

在玛丽金王后的生活里,好像没有一件事能让她高兴。哪怕她的城堡里满是侍从,他们整天想尽办法取悦她,也始终没法让她高兴起来。

如果他们在工作中出了一丁点儿小差错,玛丽金王后就会吹毛求疵、抱怨不休。清洁工有可能漏扫了餐厅地板上的一点面包屑,厨师有可能在果酱里放了太多草莓,园丁摘来放在她房间里的鲜花有可能早摘了一天……也可能晚摘了一天。

从清晨起床到晚上睡觉,玛丽金王后对每件事都吹毛求疵、抱怨不休,对每个人都吹毛求疵、抱怨不休。

一天，国王命令城堡里的所有侍从陪他顺河而下。这次行程很重要，所以他们早早就动身了，那时候王后还在睡梦中。她醒来后，首先注意到她房间里的窗帘没有拉开！

玛丽金王后叫她的侍女，但没有人回应。她怒气冲冲地又叫了一次，还是没有人回应。侍女不在城堡里，听不到王后的吹毛求疵、抱怨不休。王后只得亲自起床，亲自走到窗前，亲自拉开窗帘！她用了些时间才学会做这些事——如你所知，王后们都不习惯亲自拉开窗帘！

接下来，玛丽金王后只能自己穿衣服。她用了很长时间——如你所知，王后们都不习惯亲自穿衣服！

最后，她总算穿好了衣服，走下楼梯，走进了厨房。里面一个人也没有。厨师不在厨房，听不到王后的吹毛求疵、抱怨不休。她只好自己沏茶、烤吐司。她用了很长时间——如你所知，王后们都不习惯亲自做早餐！

玛丽金王后吃完早餐都已经中午了。她沿城堡的走廊上上下下、走来走去，打开一扇扇门，到处叫她的侍从们。可是城堡里空无一人，哪里都没有侍从，谁都听不到她的吹毛求疵、抱怨不休。

这一天，四下里可真安静啊。这奇怪的安静让玛丽金王后浑身不自在。她不停地上上下下、走来走去，最后来到一扇她从没注意到的门前。她费了很大的劲才把门推开，用了不少时间——如你所知，王后们都不习惯亲自开门！

房间里的四面墙上都挂着镜子。玛丽金王后站在房间中央，从各个角度看着镜子里的自己，震惊极了。她的头发乱七八糟的，裙子前后穿反了，鞋子也穿反了。不管从哪个镜子里看，她都是一团糟。

她想都没想，就开始对镜子里那个邋遢的王后吹毛求疵、抱怨不休——她的头发怎么可以这么乱？为什么她的裙子前后穿反了？为什么她的鞋子也穿反了？

突然，玛丽金王后意识到了自己正在做什么。她正对自己吹毛求疵、抱怨不休，这一幕听上去、看上去都滑稽透了！

王后的脸上浮起一个大大的微笑，然后，她开始大笑起来。啊，她笑得多么大声啊！在她哈哈大笑的时候，镜子里的王后也跟着大笑起来。现在，镜子里的王后拥有了一张高兴的脸，乱七八糟的打扮似乎也不那么要紧了。

晚上，国王和侍从们钓鱼回来了，他们带着满满一大桶鱼。厨师们开始准备鲜鱼宴，侍从们摆开大桌子，侍女帮王后更衣。

侍女帮王后更衣时，惊讶地发现王后居然没有对任何事情吹毛求疵、抱怨不休。侍从们也很惊讶地发现，当王后来到餐桌前时，居然没有因为什么东西可能摆错了地方而吹毛求疵、抱怨不休。

最后，晚餐准备好了。国王和王后坐下来，享用美味的鲜鱼宴。厨师惊讶地发现，虽然开饭晚了一分钟，王后也没有吹毛求疵、抱怨不休。国王惊讶地发现，即便王后从盘子里挑出了一根鱼刺，她也一点都没有吹毛求疵、抱怨不休！

从那以后，每次玛丽金王后意识到自己想吹毛求疵、抱怨不休时，就会走进那个满是镜子的房间去照镜子，照完之后，她往往会大笑起来，不再吹毛求疵、抱怨不休。

唱歌的蛇和跳舞的熊

从前,有一条漂亮的蛇,住在又宽敞又舒服的篮子里,随着全国最棒的马戏团到处旅行。如你所想,他不是一条平凡的蛇。随马戏团一起旅行的都不平凡!这是一条会唱歌的蛇!尽管他看起来就是一条普通的乌梢蛇。当他张开嘴的时候,你可以看到一条金色的长舌,就是这条金色的长舌使他能像变魔术一样地唱歌。马戏团每到一个新的小镇,这条蛇就会被人用他住的篮子提着,放到一个大舞台上去表演。他把头高高地伸过篮子的边缘,用金色的舌头开始唱歌,观众们都鼓掌欢呼。全国的观众都喜欢这条会唱歌的蛇,他的表演很快就成了马戏团里最受欢迎的节目。

然而,年复一年,这条蛇厌倦了总是重复同一件事——重复唱同一首歌，他的表演也失去了新鲜的魔力。有时，听上去他只唱了半首歌，有时甚至只唱了几句。观众们很快就开始抱怨这条蛇变懒了。

随后，有些人开始朝台上的蛇喊脏话，这条蛇以前从来没听过脏话，慢慢地，他也开始朝观众喊脏话了。有些观众听到后开始狂笑。很快，这条蛇意识到，用不着再费力唱歌了，只要说几个那样的新词，他就能从观众那里获得良好的反应。

然而，这个马戏团是个家庭马戏团，马戏团主人不太高兴会唱歌的蛇有了会骂脏话的名声。马戏团主人不知道该怎么办，于是决定去咨询在他的表演团体中工作了很多年的会跳舞的熊。他知道这只熊很有智慧，事实上，之前他就向熊请教过很多马戏团里的难事。这只智慧而年老的熊想了一会儿，说："要让咱们的蛇好好唱歌，不再说脏话，唯一的办法是……"熊弯下腰，在马戏团主人的耳边悄声说了一个秘密。

第二天，蛇表演完后，回到他的篮子里，很快就睡着了。马戏团主人一直在等待这个时刻。现在，他开始按照智慧的熊建议的办法去做。在篮子的顶部，他用许多条长长的草编织了厚厚的盖子，盖子编好时，篮子看上去就像被一个草毯盖住了。篮子里又暗又暖，蛇以为还是晚上，于是一直沉睡。

最后，蛇醒了，他努力从黑暗中钻出去。但是当他努力把头抬高，想高过篮子的边缘时，他碰到了草毯。于是他顶呀顶，终于在草毯上顶出了一个非常小的洞。他顶呀顶，经过很长时间的努力，他终于可以蠕动着出去了。草拉扯、刮擦着他的身体，但慢慢地、稳稳地，他终于钻出了篮子，来到了阳光下。

来到阳光下后，蛇的目光被某样东西吸引住了。他扭过头，惊讶地看到自己穿着一件令人眼花缭乱的新衣服，衣服上黑白相间的菱形图案微微地闪着光。原来，从小洞里钻出来时，他褪掉了自己的第一层皮。在原来那层纯黑色的皮下面，就是这层闪亮的皮。蛇开心地跳起舞来——多么漂亮的新衣服啊！蛇越跳，他身上的新衣服就越发闪亮。很快，他就开始边唱边跳了，那场表演可真精彩啊！

马戏团主人非常高兴——现在，他的马戏团里有一条能歌善舞的蛇了。智慧的熊也非常高兴——她现在有舞伴儿了。

不听话的雨伞

雨伞学校刚刚开学。崭新得发亮的黑伞、棕伞、各种深深浅浅的灰伞都排好了队,准备去上课,准备去工作,准备去学习怎么做一把雨伞。

它们从雨伞学校毕业后,就能摆在店里出售,最后找到自己融入世界的方式。

但是,前排有一把色彩明亮的圆点伞。这把小伞和别的伞都不一样,它身上印着彩虹色的圆点——紫色、蓝色、绿色、黄色、橙色和红色。这把小伞还没准备好去上课,没准备好去工作,也没准备好学习怎么做一把雨伞。它感到自己与周围的环境格格不入,它更愿意去了解自己为何如此与众不同。

"好,"雨伞教练用威严的声音说,"仔细听我的口令。雨伞的工作相当简单,你们只要学会下雨时撑开,雨停时收起来就行。现在跟我做:开 2-3-4-5-6-7-8;收 2-3-4-5-6-7-8;开 2-3-4-5-6-7-8;收 2-3-4-5-6-7-8;开 2-3-4-5-6-7-8;收 2-3-4-5-6-7-8。"

随着"开"的命令,所有雨伞都满满地撑开了,学校操场变成了黑色、棕色和各种深深浅浅的灰色的海洋。

只有一把雨伞不听指挥!就是小圆点伞——每次其他雨伞撑开时,它就收起来,而每次其他雨伞收起来时,它却撑开了。

休息时间到了,大家都围着圆点伞,想仔细瞧瞧这把"与众不同"的伞,然后就开始取笑它:

  我们开,你却收,像个讨厌的小丑!
  我们收,你却开,你的行为真古怪!

放学时，除了圆点伞，其他所有雨伞都学会了什么时候撑开，什么时候收起，于是通过了雨伞训练。它们的把手上贴着特别的标签——表明它们已从雨伞学校毕业了，随后，它们就被装进箱子，装上卡车，被送往全国各地的雨伞商店。

圆点伞也被装进箱子，送往雨伞商店。雨伞教练自然不愿意将这个让人头疼的学生留在雨伞学校，但他给圆点伞贴了一张不同的标签，上面写着：

这把雨伞不听话，不知道什么时候该撑开、什么时候该收起来。购买此伞的人后果自负！

一路上，圆点伞在卡车里还要忍受大家没完没了的嘲笑：

我们开，你却收，像个讨厌的小丑！
我们收，你却开，你的行为真古怪！

圆点伞尽量不理会那些嘲笑。最后，卡车开到一家雨伞商店门前。店主打开装雨伞的箱子，把圆点伞放到了后面的角落里。"下一趟卡车来时，我就把它退回去，"她一边读着圆点伞上的标签一边嘟哝着,"谁会愿意买一把不听话的雨伞呢?"

她刚嘟哝完,一个小女孩和她的爸爸就走进了店里。小女孩穿着色彩明亮的圆点裙子,跟圆点伞上的图案一模一样——紫色、蓝色、绿色、黄色、橙色和红色,裙子上的圆点有彩虹的每种颜色。

圆点伞看到圆点裙子,它那雨伞的心儿高兴得跳了起来——"总算遇到跟我长得很像的东西了!"它尽量撑开,但又不敢满满地撑开(因为所有雨伞,包括没能从雨伞学校毕业的雨伞,都知道雨伞绝对、绝对、绝对不能在屋里撑开!)

小女孩看着店里所有的雨伞——黑色、棕色、各种深深浅浅的灰色,"我一把也不喜欢。"她对爸爸说。然后,她看到了后面角落里的圆点伞。她拿起伞,高兴得尖叫起来:"爸爸,我要这把,我好喜欢这把圆点伞啊。"

还好小女孩不识字,不知道圆点伞把手上的标签写着什么。

爸爸给自己选了一把大黑伞,然后付了两把伞的钱。走出店门后,他停下脚步,把标签扯下来丢进了垃圾桶,还好他没读标

签上的字。看来快下雨了,他们马上就要用上雨伞了。

很快,雨滴噼里啪啦地掉了下来。圆点伞不用想也知道该怎么办。下雨时,它当然要撑开,它要保护这位跟它很像的新朋友!过了一会儿,雨停了,圆点伞就收了起来。

店主从橱窗里看出去,注意到圆点伞做得非常正确。"嗯,"她心里想,"那把圆点伞上的标签一定是贴错了!"

给父母们和教师的建议:讲这个故事时,也可以用穿圆点T恤的小男孩代替穿圆点裙子的小女孩。

骄傲的天鹅绒

镇上要开一家新店——一家布店，大家都在谈论这件事。下个星期六，那家新店就要盛大开张了。

几百卷布整整齐齐地靠墙堆着，等待出售。有各种颜色和花纹的棉布、结实的粗麻布、用来做手工艺品的毛毡，还有来自中国的精美丝绸……店铺后头，在一面墙边的一个镜子旁，还有一卷深红色的天鹅绒。

棉布、粗麻布、毛毡和丝绸都很兴奋——它们很快就会知道谁会买走它们、它们会到哪里去、被用来做什么。

可天鹅绒只有兴趣欣赏镜子里的自己："我多漂亮啊——多么柔滑的质地，多么浓郁的颜色……我绝对是这家布店里最漂亮的布！"

开张前的整整一周，深红色天鹅绒都只顾着照镜子自我欣赏，骄傲不已。整整一周，深红色天鹅绒都忙着告诉其他布它有多漂亮！至于谁会买走它、它会到哪里去、被用来做什么，它一点都不关心，深红色天鹅绒只对自己有多美感兴趣！

星期六终于到了。九点，布店开张了。顾客们——老的少的，有的一家人一起，有的一个人——都进到了店里。他们这儿瞧瞧，那儿看看，在店里到处逛，热闹极了。

很多人走到深红色天鹅绒前，都忍不住摸摸这漂亮的布料——这么柔滑的质地，这么浓郁的颜色。深红色天鹅绒骄傲不已——它早知道自己是店里最漂亮的布了，顾客们的称赞也证明了这一点。

可是顾客们看完就走开了，去买了别的布——买实用的棉布给小孩做衣服，买粗麻布做结实的包包，买毛毡做手工艺品和玩

具，买丝绸做衬衫和裙子，深红色天鹅绒看着这一切，简直不敢相信自己的眼睛。

棉布最畅销，尤其是圆点的棉布很快就卖完了。大部分的羊毛面料、毛毡和丝绸也卖得很好。

"我呢？"深红色天鹅绒想，"快来买我啊！我最漂亮了！"可是顾客们还是走开了，买了别的布，没人买天鹅绒。

快要打烊时，深红色天鹅绒正认定做店里最漂亮的布根本不是一件好事，一位老奶奶走进了店里。她想买些布料，给孙女的卧室做新窗帘。店主拿来一些花纹漂亮的丝绸，但老奶奶都不喜欢。"窗帘一定要漂亮，"她对店主说，"还必须能抵御室外的寒冷。我的孙女身体弱，卧室得暖暖和和的。"

然后，老奶奶瞧见了深红色天鹅绒。"太好了，"她叫出声来，"我买半卷，做卧室里所有的窗帘都够了，剩下的布料还能给我孙女做件漂亮的外套。"

半卷深红色天鹅绒被包了起来，老奶奶付了钱，然后把它带回了家。

一个星期过后,天鹅绒经过测量、裁剪、缝制,被做成温暖的天鹅绒窗帘,挂到了小女孩的卧室里。老奶奶正忙着缝制深红色天鹅绒外套,正好能赶上小女孩的生日。

同时,店主自己用了另外半卷深红色天鹅绒。她花了一周的时间测量、裁剪、缝制,也把天鹅绒做成温暖的窗帘,挂到了自己的卧室里。

深红色天鹅绒发现自己不仅能给世界带来美,还能带来温暖,心里高兴极了!

抱怨的吹哨人

从前,在一座森林正中的一条河边,有一个村子,村子里住着一群快乐的村民,他们整天一边干活,一边吹口哨。他们一边在菜园里挖土,一边吹口哨;他们一边打扫房间,一边吹口哨;他们一边烧饭,一边吹口哨;他们一边在森林里做游戏,一边吹口哨;他们一边在河里游泳,一边吹口哨。

大家都过得健健康康、快快乐乐的。直到有一天,一个年轻人对自己的生活感到不满,不再吹快乐之歌,而是吹起了抱怨之歌。不管别人做什么、多么尽力帮助他,他依然我行我素,觉得自己的生活一团糟:工作太辛苦了,食物不够好,白天太长了(或者太短了),天气太热了(或者太冷了)。

这个抱怨的吹哨人整天在村子里闲逛，吹着他的抱怨之歌：

我不喜欢这个，我不喜欢那个；

我不想要这个，我不想要那个；

我做不了这个，我做不了那个；

我的生活一团糟。

年长的村民们想尽力将他们最快乐的口哨歌教给这个抱怨的吹哨人，可他整天忙着吹抱怨之歌，对于学习那些在他看来又傻气又古老的快乐之歌毫无兴趣。

我不喜欢这个，我不喜欢那个；

我不想要这个，我不想要那个；

我做不了这个，我做不了那个；

我的生活一团糟。

年轻的村民们想尽力带他去森林里做游戏、去河里游泳，可抱怨的吹哨人不想被打扰。很快，年轻的村民们就听腻了他的抱怨之歌，不怎么想和他一起玩了——那吵人的抱怨之歌把他们森林里的家扰得不得安宁。

过了很多个月,季节更替着,冬去夏来,夏去冬来。在一个寒冷的日子里,不论老的少的,村民们全体出动,去周围的森林里捡柴禾回家生火。抱怨的吹哨人走得很慢,落在了后面,他忙着抱怨寒冷的天气,竟没注意到自己走错了路。突然,他发现自己走到了森林里一个他从未到过的地方。他继续走着,还没意识到怎么回事,就掉进了一个深深的洞里。

抱怨的吹哨人被困在黑暗的洞里,出不来了。

怎么办?吹抱怨之歌没有用,别人都不愿意听了。

过了一会儿,在他记忆的深处,浮现出了最动听的歌声。他仔细"听"着,努力跟着吹。一开始,他的哨音很弱,因为他已经很长时间没有吹口哨了。不过,多试几次之后,他的口哨声就越来越响了。很快,他就能吹出一首完整的歌了——一首最动听的口哨歌。

歌声飘出洞口,穿过森林,一直传到了村民们捡柴禾的地方。村民们一听到口哨声,就立即转身,沿着小路,朝传出口哨声的洞口跑去。他们一边沿着小路跑,一边吹起了口哨,困在洞里的

吹哨人听到他们越跑越近——那是多么快乐的声音啊！

村民们从森林里采来藤条，编成一架梯子，从洞口把梯子放了下去，让他们的朋友顺着梯子爬出来。

年轻的吹哨人安然无恙地回到了村民们中间，他高兴极了。他们带着他，一边吹口哨，一边穿过森林，走回了家。

既然年轻的吹哨人知道了怎样用口哨声吹出动听的歌，他就再也不想发牢骚、抱怨了。而且，他还创作了一首快乐之歌，并教会了他的朋友们。要是你去森林里漫步，仔细听的话，就可能听到那首动听的歌：

我会吹这个，我会吹那个；

我喜欢这个，我喜欢那个；

我能做这个，我能做那个；

我的生活真快乐！

极其任性的木琴

木琴刚刚加入交响乐团。指挥家觉得木琴发出的声音叮叮咚咚的,对其他乐器的声音是很好的点缀,木琴也这么认为。实际上,它觉得自己的琴声太美妙了,想一直演奏个不停。

叮叮咚咚,叮叮咚咚,我的乐声优美飘扬;
叮叮咚咚,叮叮咚咚,我的乐声请您欣赏!

每次指挥家举起指挥棒,指挥乐团演奏时,木琴都会演奏起来,也不管该不该它演奏。木琴很肯定地认为,观众们想一直听到它优美的乐声。

叮叮咚咚，叮叮咚咚，我的乐声优美飘扬；

叮叮咚咚，叮叮咚咚，我的乐声请您欣赏！

第二天，乐团排练时，指挥家对木琴严肃地说："只有在我示意你时，你才能演奏。"他又说："我的乐团里有很多乐器，大家都得遵守秩序。"

指挥家举起指挥棒，示意小提琴演奏。小提琴开始演奏了，可木琴也跟着演奏起来。它好像根本就停不下来！

指挥家又跟木琴严肃地谈了一次，然后举起指挥棒，示意单簧管演奏。单簧管开始演奏了，可木琴也跟着演奏起来。它好像又停不下来了！

这次，指挥家严肃地警告了木琴："如果你还在我的乐团里这么任性，我就把你放回箱子里！"

指挥家举起指挥棒，示意鼓开始演奏。鼓开始演奏了，可木琴也跟着演奏起来。指挥家严肃的警告也无法让它停下来。

指挥家穿过舞台，拿起木琴，把它搬到了一边。木琴还没来得及再一次叮叮咚咚地演奏，就被紧紧地关进了箱子里。

箱子里漆黑一片。尽管还可以演奏，可木琴不想再演奏了。它坐在黑暗和寂静中，好像坐了很长时间。

突然，它听到箱子边响起一阵刮擦声。那是什么？谁在干什么？

几分钟后，纸板箱被挖出了一个小洞，一只老鼠从小洞里探头进来，看到了木琴。它看到箱子里没有吃的东西，就跑开了，根本不知道它给木琴帮了多大的忙。

现在，箱子上有了一个小洞，能透进光亮，还听得到声音！木琴透过小洞看着乐团的乐器们演奏，聆听各种不同的声音。

乐器们时而独奏，时而合奏，演奏出了美妙的音乐。那些丰富多彩的声音让木琴大吃一惊——长笛高亢、鼓声有力、小提琴明亮的弦音高低起伏。

后来，乐曲里出现了一个空白，木琴知道该它演奏了——它第一次真正明白自己该在什么时候、在乐曲的哪一部分演奏。木琴开始演奏了：

叮叮咚咚，叮叮咚咚，我的乐声优美飘扬；
叮叮咚咚，叮叮咚咚，我的乐声请您欣赏！

一开始，它的声音很轻，但指挥家灵敏的耳朵立刻就听到了。他很高兴地笑了，"我的小木琴终于知道自己该做什么了。"他想。

他走到舞台边，把木琴从箱子里搬出来，放回原来的位置。观众们欢呼起来，纷纷鼓掌。

木琴归队，其他乐器都很高兴，指挥家和观众们也很高兴，木琴自己也很高兴。

大家都喜欢木琴发出的叮叮咚咚声，尤其当木琴已经知道了自己该在什么时候演奏。

叮叮咚咚，叮叮咚咚，我的乐声优美飘扬；

叮叮咚咚，叮叮咚咚，我的乐声请您欣赏！

满不在乎的黄色游艇

黄色游艇是那种满不在乎的游艇,它只想在港湾的停泊区闲待着,整天什么都不做。

黄色游艇有一面金黄色的船帆,在微风中总是软耷耷的,这样摆一下,那样摆一下,不知道该怎么做才能鼓得紧绷绷的,也不知道该怎么做才能让自己乘风前进。它从没像港湾里的其他游艇一样在水面上航行,驶向大海。

海豚们游进港湾,在黄色游艇边上跃出水面,他们很羡慕黄色游艇那金灿灿的美丽船身。黄色游艇能听见他们在歌唱自己在深海里的冒险,歌唱美丽的白色沙滩,歌唱棕榈岛,歌唱色彩明亮的鱼，歌唱巨大的鲸鱼，歌唱海浪，歌声时高时低，起起伏伏。

黄色游艇喜欢听海豚的歌声，但它从没想过自己也去冒险，它很高兴自己每天在停泊区里闲待着。

但有一天发生了一件事，彻底改变了黄色游艇的生活。

那是寻常的一天，别的船都扬帆出海了，只有黄色游艇还待在停泊区。跟平常一样，它是唯一留下来的船。

突然，黄色游艇感到水在船下涌动，一开始很轻，然后越来越剧烈。后来，船的一侧涌起一股汹涌的水流，紧跟着，船下面出现了一些颠簸，船的另一侧又涌起了更多的水流。

黄色游艇不知道发生了什么事，涌起的水流比海豚跳跃时涌起的水流要大得多。

很快，一个庞然大物从黄色游艇的边上冒了出来。那是黄色游艇见过的最大的东西，比游艇还长呢！"肯定是头鲸鱼，"

黄色游艇想,"就像海豚的歌里唱的一样。可它来港湾里干什么呢?"

黄色游艇猜得没错。翻起大浪的正是一头鲸鱼,一头在深海里跟鲸群失散、误游进港湾里的鲸鱼。它惊慌失措地想找一条路游出去,可是海水在慢慢退潮,鲸鱼开始心慌起来。黄色游艇的金黄色船身在它看来就像一根"救命稻草"。

可一艘游艇该怎么帮助一头鲸鱼呢?尤其是根本不知道该如何航行的黄色游艇!

正在这时,一阵友好的风注意到了港湾里发生的事,于是吹进港湾来帮忙。它把黄色游艇的绳索从停泊区的岸边吹开,吹到水里,落在惊慌失措的鲸鱼身边。鲸鱼做了一件最明智的事——它紧紧地把绳索咬在嘴里。然后,友好的风吹起黄色游艇的金色船帆,一开始很轻,然后越吹越大,越吹越大。

很快,黄色游艇拉着鲸鱼,掠过水面,驶出了港湾。只用了一小会儿,它就驶进了深海,让鲸鱼回到了鲸群里、回到了自己真正的家。

鲸鱼放开绳索，用巨大的身躯涌起一股水流，向黄色游艇表示感谢并道别。

黄色游艇现在可以自由地在宽阔的海面上冒险了。在有着美丽的白色沙滩、浓密的棕榈树的小岛边航行，多快乐啊；驶过热带潟湖，看色彩明亮的鱼在水下飞快地游来游去，多快乐啊；乘着海浪，高低起伏，多快乐啊。

那天的冒险结束后，友好的风把黄色游艇吹回了家。

游艇驶进港湾时，海豚们纷纷在游艇周围跃出水面，很高兴看到他们的金色朋友归航。

海豚用嘴巴轻轻推起一股水流，帮助游艇把绳索固定在停泊区的岸边。在辽阔的海面上进行了一次冒险后，黄色游艇现在需要在港湾里好好休息一下了。

从那以后，黄色游艇就知道了该如何航行，对于自己每天要做些什么，也能作出新的选择了。

有时，它会选择出海航行，去冒险。

有时，它会选择在家怡然自得地待一天——在停泊区欣赏海豚的歌声，什么都不做。

第二辑 非洲智慧故事

引言：长颈鹿的低语

非洲的马赛族人相信，想要变得有智慧，就一定要学会像长颈鹿一样——只是静静地观察着身边发生的事，并学会低声跟造物主交谈。

第一次听到这个说法时，我那个讲故事的人格立刻就想象到长颈鹿会通过许多故事，低声地讲述着智慧。

非洲人民对通过故事讲述的智慧的收集，比世界上其他地方的人都更丰富。世世代代，在这片广袤的大地上，故事都被讲述着、流传着。讲故事的人通常是家族和部落里的长者，有时是祖父母，有时是父母。南非前总统纳尔逊·曼德拉常常回想起他的小时候，他父亲会给他讲有关科萨族历史上的战役和勇士的故事，他母亲讲的传说和寓言也令他入迷，并从中受到了教育。马克·马萨贝恩在《卡菲尔男孩》一书中，形容他妈妈讲的那些故事就像一座图书馆，一个喷发着知识的金色泉眼，孩子们通过这些故事了解了对与错、善与恶。他在书中说，那些故事让他用一种全新的方式去感觉、去观察、去思考。

虽然我出生并成长于澳大利亚，但从1970年起，我就机缘巧合地踏上了非洲大陆。那时候，我是一个自由探险家，沿东非海岸线搭便车旅行，随性游走。20世纪80年代早期，我带着三个年幼的孩子住在南非，开始从一个妈妈的角度对故事产生了兴趣。那个时期我最喜欢的故事收集在《阿金巴与魔法牛》故事系列中，这个故事是我最早体验到的、蕴藏着智慧的故事之一，也是指引我以创作故事、讲故事为职业的众多因素之一。

20世纪90年代中后期，我回到开普敦的一个教师培训学校工作，同时对硕士论文（以讲故事为主题）展开研究。在教师培训学校的工作内容包括设计并操作几个故事讲述的单元。这本书里收录的许多跟乌龟有关的故事就是在那个时期整理的，我还让那些受训的教师们在我的课堂上讲述这些故事。在非洲故事中，乌龟是讨人喜欢的、智慧的象征。

之后，我的教学工作把我带到了东非。2003年到2006年的三年间，我在肯尼亚首都内罗毕居住和工作。在那里，我收集了更多的故事，并让更多的教师在我举办的培训课堂上讲述这些故事——来自乌干达、肯尼亚与坦桑尼亚的智慧故事。

这个主题的故事中就收录了我在非洲时收集到的、我最爱的一些故事：

- 教导人们不诚实、贪心、懒惰、攻击别人不会得到好结果的故事——《荨麻与玫瑰》
- 鼓励人们互相关爱与合作的故事——《好热的河马》《妇人们与乌龟》和《小葫芦与星星公主》
- 帮助人们面对对黑暗和未知世界的恐惧的故事——《羚羊、蝴蝶与变色龙》《乌龟与巨兽》和《一条河帮一个男孩找到了自己的声音》

尽管我从未到过西非，但如果没有加纳阿散蒂人民创作的"阿兰西故事系列"，我最爱的非洲智慧故事集就不完整了。这个故事系列也被称为"蜘蛛故事"——阿兰西既是蜘蛛，也是人！在所有社会里，都有不做自己应该做的事的人，这也是阿兰西这个角色被塑造出来的原因。他又懒又不诚实，还很贪心。脑子里充满了鬼点子，但又很滑稽可爱。通常，他那些贪心和不诚实的行为都自然会受到惩罚，并且整篇故事中还贯穿着幽默。

我怀着感恩之情，整理出了这些故事。我在非洲生活的经历，以及听过的许多非洲故事，对我的故事创作产生了深刻的影响。我在这个主题的故事的最后收录了两则我自己创作的故事——《大老鼠潘雅》和《拼凑出来的长颈鹿》，这两则故事也受到了我在非洲的工作和生活的启发。

乌龟是怎样帮助太阳爸爸和月亮妈妈的？

南非传统故事

口述：罗乐卡·库什娃

改编：苏珊·佩罗

很久很久以前，太阳爸爸明亮的光芒一刻不停地照耀着大地，世界充满了光和热。事实上，他的热把他家附近烧成了不毛之地，他从来都没有朋友。

太阳爸爸感到孤单，一刻不停的照耀也让他厌烦了。有一天，月亮妈妈来了，她说："我们一起住进这座房子吧，晚上你休息时，我来洒下月光；白天我睡觉时，你用阳光照耀大地。"

他们一起幸福地生活着。有一天，他们决定请水兄弟到家里做客。水兄弟一直抱怨没人请他到家里做客，因为他的腿太长了，要很大的地方才放得下。但月亮妈妈坚持请他去做客，还准备好了一桌晚餐。

水兄弟进屋时先淹过大门，很快就挤满了整座房子。太阳爸爸与月亮妈妈只能从后门逃走，不知道该怎么办。

一块巨大的、粗糙的、长满鳞片的石头一直坐在房子的角落里。水兄弟淹进门时，石头动了起来，开始不停地喝水，直到喝饱了为止。

太阳爸爸与月亮妈妈回头去看他们的房子时，水兄弟已经变小了，房子能容下他了。那块巨大的、粗糙的、长满鳞片的石头则在地上爬来爬去。

原来，那块石头是一只乌龟。看到乌龟所做的一切，太阳爸爸和月亮妈妈很高兴，他们请乌龟留下来。从那以后，他们就幸福地生活在了一起。

两只鸽子与一只乌龟

南非传统故事

口述:莉迪亚·尼瓦提

改编:苏珊·佩罗

很久很久以前,两只鸽子与他们最好的朋友——一只乌龟住在一片大地上。

乌龟住在一座水坝上,但水坝里的水快干涸了。鸽子很担心,决定飞去远方,寻找一个水源充足、适合他们生活的地方。

他们飞啊飞,最后来到一个地方,那里有美丽的湖泊,长着鲜花和青草，还住着许多人，他们又胖又健康，因为他们的农场里总有足够的雨水。

鸽子们想，如果乌龟住在这片美丽的土地上，他该有多快乐啊。于是他们飞回家去接他们的朋友。他们告诉了他那片美丽的土地上的一切，然后一致决定搬到那儿去住。

但乌龟不能像鸟一样飞翔，于是鸽子们找来一根结实的棍子，每只鸽子用嘴衔住一头，让乌龟站在中间，用嘴咬住棍子。他们告诉乌龟，等他们飞到了天上，乌龟无论如何也不能讲话，他必须一直紧咬着棍子，直到安全到达那片美丽的土地。

他们飞起来了，越飞越高，飞离了原先住的地方，飞向那片美丽的土地上的一个湖泊。当他们飞越那片美丽的土地时，地上的人们抬头看到他们那滑稽的样子，不禁哈哈大笑并取笑起乌龟来。

乌龟很生气，张嘴想朝他们大吼，结果他刚一张嘴，就掉了下去。鸽子们想努力抓住他，但他太重了。还好，乌龟最后掉进了深深的湖水中，那个湖于是就成了他的新家。

鸽子们也向下飞,停在湖边,在一棵枝条壮实、树荫浓密的树上筑了个巢。之后他们就住在了那里,离他们的乌龟朋友很近,但再也不带着他在天上飞了。

从那天起,每次说话之前,乌龟都会花点时间先想一想。

妇人们与乌龟

南非传统故事

口述：维维安·乔娜

改编：苏珊·佩罗

从前，有四个妇人在为她们的村庄建造一栋新房子。有一天，她们去河对岸割草，准备把草铺在屋顶上。她们踩着石头过河，到了河对岸。

她们忙着割草，割了很久；割完后又把草扎成一捆捆的，顶在头上带回去。但在回去的路上，她们发现河里涨满了水，过不去了。

住在河边的乌龟看到了她们,于是大声问道:"需要帮忙吗?"但她们以为乌龟是河边的一块大石头,便开始大笑起来,边笑边说:"一块石头怎么能帮我们过河呢?"

乌龟又问了一遍:"需要帮忙吗?"她们仍然以为他只是河边的一块大石头,于是继续哈哈大笑,边笑边说:"一块石头怎么能帮我们过河呢?"

乌龟走近一些,现在妇人们能看清楚他了。乌龟告诉妇人们,她们可以轮流坐在他背上,这样他就可以一个接一个地把她们和草捆都运过河去。

妇人们听了很高兴。过了河以后,她们请乌龟到村里做客。但乌龟走得太慢了,一位妇人就把他举起来,放到自己背上,那一幕看起来真让人惊奇啊!

她们回到村里后,大家看到妇人们平安归来,都很高兴。大家也都欢迎乌龟的到来,喂他吃美味的食物,还把他送回了河边。

从那以后，妇人们都小心多了，在仔细看清楚之前，她们不会再取笑任何事情了！并且，妇人们和所有村民都把乌龟当成了朋友，一直小心地照顾着他！

格旺扎与福娃扎娜

南非传统故事

口述：曼迪莎·恩达曼

改编：苏珊·佩罗

很久很久以前，有一片大森林，里面住着各种动物。

在森林另一头的河边，住着一只名叫格旺扎的多头大怪兽。其他动物不管是要觅食，还是要喝水，都得经过格旺扎的住所。如果赶上他饿了的时候，他就会吃掉一只动物。

动物的数量越来越少了，乌龟福娃扎娜忧心忡忡。她请其他动物帮她想一个除掉格旺扎的办法，但他们都非常害怕，决定逃走，离格旺扎远远的。

只有福娃扎娜留下了。她给自己做了一把很锋利的斧子，朝河边格旺扎的家走去。她一边走，一边唱歌给自己鼓劲：

福娃扎娜来了，福娃扎娜来了，
她要寻找食物和水。

她慢慢走，越走越近，格旺扎动了动身体，用巨大的、震天撼地的声音吼道：

"是谁打扰我睡觉？"

福娃扎娜屏住呼吸，格旺扎继续吼道：

"噢，可能是我身上的一只虱子！"

福娃扎娜蹑手蹑脚地往前爬，一直爬到他跟前，等格旺扎再一次张大嘴巴时，福娃扎娜迅速地爬了进去，一直爬到格旺扎的

胃里。她在那儿遇到了所有被格旺扎吃掉的动物，接着开始慢慢地用斧子砍格旺扎的胃壁。

格旺扎痛得大叫起来，求别的动物们去救他，可他没有朋友，没有动物去救他。福娃扎娜继续砍着，格旺扎痛得更厉害了，叫声也越来越大，最后倒在地上死了。

所有动物都通过福娃扎娜砍出的那个大洞爬了出来，他们赞扬福娃扎娜的勇气，把她高高地举起来，称她为他们的新王后。

他们大声地唱着歌，逃走的动物们都听到了，纷纷跑回来看发生了什么。从那天起，他们就在森林里幸福地生活在了一起。

福娃扎娜王后，福娃扎娜王后，
你给了我们自由，你给了我们自由。

乌龟与兔子

科萨族的传统故事

口述：诺祖可·卡普萨那

改编：苏珊·佩罗

很久以前，在一片茂密的灌木丛里，住着一只兔子和一只叫乌福多①的乌龟。他们原本是好朋友，互相帮助。

有一天，兔子要跟乌福多赛跑。他告诉乌福多，他的生活自由自在，因为他能逃离各种危险，从不害怕自己会受伤。

---

① "乌福多"是科萨语对乌龟的称呼。

这让乌福多很担忧，他怎么能像兔子一样跑那么快呢。他告诉兔子，是造物主造就了他现在的样子，而不是他自己。

兔子嘲笑起乌龟来，乌福多让兔子别笑了，说他相信造物主也给了他一些天赋。乌福多提醒兔子，也许有一天，他跑得快的天赋也帮不上他的忙。但兔子继续嘲笑乌福多，不断叫他跟自己赛跑。

就这样，许多年过去了。有一天，兔子又叫乌福多跟他赛跑，并提醒乌福多，他已经叫他跟自己赛跑叫了五年了。乌福多终于同意了兔子的要求，同时祈求造物主的眷顾。

比赛的日子定了，兔子邀请所有动物来观战。胡狼同意当计时员，比赛开始了。

乌福多才跑完一半，兔子已经跑完第一圈了；乌福多才跑完第一圈，兔子已经跑完第三圈了。因为遥遥领先，兔子决定到荫凉的树下去休息一会儿。他很自信，觉得自己有足够的时间休息，并且休息过后他还能赢。

这下兔子可犯了大错了！他在树荫下很快就睡着了，等他睡醒时，他听到了鼓声和掌声。大家都在欢呼，因为乌福多很努力，最终赢得了赛跑。

兔子又伤心又失望，而乌福多高兴地唱起了一支歌：

我是最慢的赢家，别把我小瞧！

我是最慢的赢家，别把我小瞧！

我是最慢的赢家，别把我小瞧！

乌龟与巨兽

南非传统故事

口述：隆多贝可·蒙坦兹

改编：苏珊·佩罗

从前，在一片大森林里住着许多动物。森林中央有一个洞，洞里住着一只巨兽。

有一天，森林里成年的动物都出去觅食了，小动物们留在家里等待。成年的动物告诉小动物们，要乖乖待在家里，不要到外面去玩。

但小动物们不听话，跑去外面玩了。结果巨兽来了，把他们全捉了，装进他的大袋子，带回了洞里。小动物们大喊救命，可是没有其他动物听得见。

成年的动物觅完食回到家里，发现森林里静悄悄的，到处都找不到孩子们。他们非常担心，聪明的老乌龟建议分头寻找。

乌龟朝左边的方向走去，那条路通往巨兽住的洞。他慢慢地往前走，听到了孩子们的喊叫声。

乌龟想出了一个勇敢的办法。他坐在巨兽的洞外边，把头和脚缩进硬壳里，然后唱起一支最动听的歌。

巨兽听见歌声，从洞里走出来看谁在唱歌，只看见洞前面有一块大石头。他以为没有什么可担心的，于是回到洞里，躺下来听歌。他不知道乌龟唱的是：

孩子们，巨兽睡着后就到我这儿来吧。
孩子们，巨兽睡着后就到我这儿来吧。

巨兽听着歌声，很快就睡着了，小动物们蹑手蹑脚地从洞里爬了出来。乌龟正等着他们呢。他们爬上乌龟坚实的背，让乌龟把他们安全地驮回了家。

那天晚上，森林里的所有动物举办了一场宴会，庆祝聪明勇敢的乌龟把孩子们救回了家。

羚羊、蝴蝶与变色龙

东非基库尤族的故事

口述：露西·鲁古娜

改编：苏珊·佩罗

很久很久以前，一只羚羊总在森林里漫游。别的动物都欺负他，成天追赶他。有一天，他决心为自己建一座大房子———座比森林里所有的树都人的房子。他觉得对他来说，这是一件好事。房子建好后，羚羊把房子隔成了许多小房间，这样，其他动物经过时，他就能躲到里面的房间去。

白天，羚羊总是出去寻找食物和水。他也喜欢拜访他的朋友们，跟他们说说他的房子。但是有一天，他出门时忘了关门。过了一会儿，一只在花丛中翩翩起舞的蝴蝶发现门没关，于是扇动着翅膀飞进房子，飞到最黑暗的角落去休息。

羚羊回家时，看到门大开着，他很害怕，不敢进屋。他大声问道："是谁在羚羊的房子里？"蝴蝶回答：

就是挥动翅膀上下飞舞的我啊。
（Ninii Kibutabuti na Iguru, ninii Kiminja muinge.）

羚羊听到这话，飞快地跑进森林里找人帮忙。路上，他遇到一只大象。大象问："羚羊先生，你看见什么了？为什么跑这么快？"羚羊答道："我房子里有样东西，我很害怕，不敢进去。"

"我跟你一起去，"大象说，"我会帮你把他请出去。"

他们来到羚羊的房子前，大象大声问："是谁在羚羊的房子里？"蝴蝶再次回答：

就是挥动翅膀上下飞舞的我啊。
（Ninii Kibutabuti na Iguru, ninii Kiminja muinge.）

大象一听这话，扭头就跑回了森林里。

羚羊只好赶快去找其他动物帮忙。他们一个接一个来到房子前，但都跟大象一样害怕，不敢进去把蝴蝶请出来。

羚羊坐在门前，思考着该怎么办，他想起还有一个动物可以请来帮忙，那就是变色龙。于是，他跑进森林里，找到了变色龙。

变色龙问："羚羊先生，你看见什么了？为什么跑这么快？"羚羊答道："我房子里有样东西，我很害怕，不敢进去。"

"我跟你一起去，"变色龙说，"我会帮你把他请出去。"

他们来到羚羊的房子前，变色龙大声问："是谁在羚羊的房子里？"蝴蝶再次回答：

就是挥动翅膀上下飞舞的我啊。

（Ninii Kibutabuti na Iguru, ninii Kiminja muinge.）

变色龙听到这句话后，走进了房子里。其他动物都聚在门边，看到这一幕，都害怕极了。但他们都决定等着，看接下来会发生什么。

变色龙走进每一个房间，不断重复那个问题："是谁在羚羊的房子里？"

就是挥动翅膀上下飞舞的我啊。
（Ninii Kibutabuti na Iguru, ninii Kiminja muinge.）

蝴蝶一次又一次地回答。

最后，变色龙走到蝴蝶藏身的黑暗角落。他一下子就抓住了蝴蝶，把他带到门外给其他动物看。当其他动物看到躲在羚羊房子里的原来是那么小的一只蝴蝶时，都纷纷走开了，为自己感到羞耻。

从那天起，羚羊和变色龙就成了好朋友。

娜米子与树人

东非维多利亚湖地区的故事

作者：萨拉·迪克逊

改编：苏珊·佩罗

很久很久以前，有一个叫娜米子的姑娘。她没有兄弟姐妹，是家里的独生女。她长得很漂亮，人又很善良，不论老幼，人人都很喜欢她。只有她的几个朋友嫉妒她的美貌，不喜欢她。

在他们村里，所有姑娘都经常去森林里摘果子。有一天，娜米子和其他姑娘一起在森林里摘果子的时候，一个姑娘提议道："今天我们就闭上眼睛摘果子吧，直到把篮子装满为止。"大家都同意玩这个游戏，于是都闭上了眼睛，其他人随后就睁开了眼睛，只有娜米子一个人还闭着眼睛。篮子装满后，一个姑娘说："我们睁开眼睛吧。"

娜米子睁眼一看，发现自己摘的青果子比熟果子还多。她请求朋友们等她多摘一些熟果子再走，但她们都不同意。她扔掉青果子，开始摘熟果子。朋友们都回家了，只留下她一个人。

摘满一篮子熟果子后，娜米子决定回家。走着走着，她感觉自己身后有些异样。她转过身，看见一棵树正在摇晃。她以为自己眼花了，于是继续往前走，但没走多远，她听到有人在唱歌，声音非常轻柔：

美丽的姑娘娜米子，喜欢果子的姑娘，
你真坚强啊，娜米子。
（Undindi Nyamizi, undindi Nyamizi,
Wabusumo Nyamizi, Wabusumo Nyamizi,
Ulinangongolya Nyamizi, ulinangongolya Nyamizi.）

她转过身，发现那棵树跟在她身后。她吓坏了，撒腿就跑。

那棵树一直跟在她身后，还唱着歌：

美丽的姑娘娜米子，喜欢果子的姑娘，

你真坚强啊，娜米子。

（Undindi Nyamizi, undindi Nyamizi,

Wabusumo Nyamizi, Wabusumo Nyamizi,

Ulinangongolya Nyamizi, ulinangongolya Nyamizi.）

没等那棵树跟上来，娜米子就一口气跑回了家。一回到家，她就立马关上了门。那棵树进不去，只好待在门边。

那天晚上，娜米子和家里人坐下来吃晚饭时，听到那棵树在唱：

我能进来吗，娜米子，喜欢果子的姑娘？

你真坚强啊，娜米子。

（Nize nane Nyamizi, Wabusumo Nyamizi,

Wabusumo Nyamizi, Ulinangongolya Nyamizi, ulinangongolya Nyamizi.）

娜米子不知道这到底是怎么回事，哭了起来。爸爸妈妈建议她打开门,请那棵树进来。

那棵树长得很高,它要怎么走进娜米子的家呢,大家都很好奇。那棵树对娜米子说:"擦干眼泪吧,娜米子,别哭了。我是个人,就跟你一样。"

说完后,那棵树裂开了,从里面走出一个非常英俊的年轻人。他轻抚着那棵树的每个地方,摇动所有的树枝,树上的果子一掉到地上,就变成了珍贵的金子。他又轻抚了一下树干,一座美丽的城堡就在娜米子家边上拔地而起了。之后,那棵树就不见了。

第二天早上,村民们醒来后,看到村子里冒出了一座城堡,都惊呆了,纷纷聚集到了城堡外面。这时,娜米子和那个年轻人从城堡里走了出来。那个年轻人是那么的英俊,村民们看了,都啧啧称奇。

娜米子的爸爸妈妈宣布娜米子要跟那个年轻人结婚了,欢迎所有人去参加结婚典礼,就连把娜米子一个人留在森林里的姑娘们也接到了邀请。从那以后,娜米子就跟那个从树里走出来的年轻人幸福地生活在了一起。

纸莎草与美丽的姑娘

巴尼奥罗人的故事

作者：露丝·提巴坎亚·卡巴比托

改编：苏珊·佩罗

很久很久以前，有一位名叫娜玛红吉的姑娘，她是乌干达的穆约罗族人。

娜玛红吉长得非常漂亮，每个男人都渴望娶她为妻。但她父亲要求很高，宣布只有能从湖中央割来纸莎草的男人才能娶他的女儿。

那个湖里栖息着许多的鳄鱼、河马,还有很多别的猛兽。

来应战的第一个男人又高又胖,他说:

"我,比亚卡,想娶你的女儿,美丽的娜玛红吉。"

娜玛红吉的父亲名叫科蒙戈耶,他大笑起来,说:"走下一座小山,经过一口井,你就能看到那个湖。湖中央长着最特别的纸莎草。割一把来带给我,我美丽的女儿娜玛红吉就是你的妻子了。"

又高又胖的男人沿着娜玛红吉的父亲所指的方向上路了,他边走边唱:

从湖中央割来纸莎草的人将娶到娜玛红吉。

我这就去割来,再把娜玛红吉娶到手。

(Aliha akafunjo Komuyanja nuwe aliswera Nyamahunge wa Komungeye

Kankaihe Nyatwale munywa ni wa taata

nubwo musweere nyamahu Nge wa komungeye.)

他找到了那个湖,但一走进湖水里,许多鳄鱼就朝他游过来,河马也张开了大嘴。他吓破了胆,赶紧退回岸边,逃回到自己家中。

随后,受大家尊敬的骄傲的国王来应战了,他夸口说:

"我,骄傲的国王,想娶你的女儿,美丽的娜玛红吉。"

娜玛红吉的父亲名叫科蒙戈耶,他大笑起来,说:"走下一座小山,经过一口井,你就能看到那个湖。湖中央长着最特别的纸莎草。割一把来带给我,我美丽的女儿娜玛红吉就是你的妻子了。"

骄傲的国王沿着娜玛红吉的父亲所指的方向上路了,他边走边唱:

从湖中央割来纸莎草的人将娶到娜玛红吉。
我这就去割来,再把娜玛红吉娶到手。
(Aliha akafunjo Komuyanja nuwe aliswera Nyamahunge wa Komungeye
Kankaihe Nyatwale munywa ni wa taata

nubwo musweere nyamahu Nge wa komungeye.）

他找到了那个湖,但一走进湖水里,许多鳄鱼就朝他游过来,河马也张开了大嘴。国王吓破了胆,赶紧退回岸边,逃回到自己的宫殿中。

随后,娜玛红吉的父亲说:"我说过吧,没有人能成功,谁也娶不到我美丽的女儿娜玛红吉。"

他的话音还没落,突然来了一个看着很简朴的小个子男人,他用颤抖的声音说道:

"我,简朴的小个子,想娶你的女儿,美丽的娜玛红吉。"

在场的所有人都嘲笑他,娜玛红吉的父亲说:"走下一座小山,经过一口井,你就能看到那个湖。湖中央长着最特别的纸莎草。割一把来带给我,我美丽的女儿娜玛红吉就是你的妻子了。"

简朴的小个子沿着娜玛红吉的父亲所指的方向上路了,他边走边唱:

从湖中央割来纸莎草的人将娶到娜玛红吉。

我这就去割来,再把娜玛红吉娶到手。

(Aliha akafunjo Komuyanja nuwe aliswera Nyamahunge wa Komungeye

Kankaihe Nyatwale munywa ni wa taata

nubwo musweere nyamahu Nge wa komungeye.)

  他找到了那个湖,但一走进湖水里,许多鳄鱼就朝他游过来,河马也张开了大嘴。简朴的小个子一点也不害怕,他继续往前走,走进更深的湖水中。

  突然,湖水分开了,大家都吃了一惊。简朴的小个子一直走到湖中央,割下一把纸莎草,然后他回到了岸边,愉快地唱起了歌。

  娜玛红吉的父亲看到简朴的小个子割来了他想要的特别的纸莎草,又惊又喜!他叫人准备了盛大的婚宴,村子里的人从没见过那种盛况。他又将自己的一半财产给了女儿和女婿。娜玛红吉和简朴的小个子变得非常富有,从此幸福地生活在了一起。

聪明的小个子

巴尼奥罗人的故事

作者：贝蒂·阿图胡拉

改编：苏珊·佩罗

从前，有一位名叫卡可旺齐的美丽姑娘。提亲的人都踏破了她家的门槛，但她的父亲给那些人出了个难题。

他说："想娶我女儿的人要先喝下一罐开水。"

很多人告诉卡可旺齐的父亲，没人能喝下一罐开水。

但有一天，一个小个子来了，他说自己已经做好了准备，做什么事情都可以。

于是，卡可旺齐的父亲问："你准备好喝下一罐开水了吗？"

小个子回答："是的，我准备好了！"

小个子请求卡可旺齐的父亲准许他请来他家所有的亲戚，让他们见证他喝开水的过程。

小个子的所有亲戚都来了，围成了一个大圈，等着看小个子喝开水。

一罐开水放到了小个子的跟前，他的所有亲戚都开始哭泣："呜呜，呜呜"，但小个子很聪明，他不停地叫喊着，在围成大圈的亲戚中间走来走去，将装开水的罐子从一个人手中递到下一个人手中。

在这个过程中，开水慢慢变凉了。

然后，小个子端起罐子，开始喝变凉了的开水。

来见证小个子喝开水的人群中爆发出了巨大的欢呼声："聪明人，带走你的妻子吧。"

这时，小个子把空空的罐子拿给卡可旺齐的父亲看。

卡可旺齐的父亲站了起来，把女儿叫出来给她未来的丈夫看，然后为他们准备了盛大的婚宴。

卡可旺齐跟小个子结了婚，幸福地生活在了一起。

国王与他的第 12 位妻子

卢奥族的故事

作者：伊斯卡·阿可斯·穆加

改编：苏珊·佩罗

有个国王有 12 位妻子，他非常讨厌其中的一位妻子，指责她举止粗鲁，把她赶到灌木丛中去生活。

另外的 11 位妻子没有一位给国王生下后代。国王想到自己死后没有人继承王位，就将这 11 位妻子送去看医生。医生让她们服用一种混合了棕榈油和草药的药。被赶到灌木丛去的那位妻子得不到那种药。幸运的是，另外的 11 位妻子中有一位是她的朋友，有一天晚上偷偷赶去把那种奇怪的药送给了她。

时间一天天过去，11位妻子都生了女儿，国王对此很不满，尤其当他听说被赶出去的妻子生下了一个健康的男孩。

他决定杀死那个男孩。

男孩长得很强壮，很快就会下兽夹捕野兽了。从那以后，他和他妈妈就有很多食物了。

有一天，国王的信使来了，他说国王想见见男孩。被赶出去的妻子很害怕，但她又不愿违背国王的旨意。

男孩去见国王，看到皇宫的院子里摆着11个结实的罐子。过了一会儿，国王来了，后面跟着他的11个女儿。国王给12个孩子布置了任务，结实的罐子给了女孩们，男孩却得到了一只满身是洞的破罐子，还被迫跟姐妹们一起去小溪里取水。

男孩把罐子带到他妈妈面前，告诉了她事情的经过。他妈妈去请孩子们的奶奶帮忙。老奶奶拿起罐子，朝石头上一摔，破罐子转眼就变成了一只结实的铁罐。同时，她又给女孩们的罐子下了咒语，让那些罐子满身是洞。

到了河边，女孩们忙着取水，男孩一来，女孩们的罐子就开始漏水。男孩在结实的铁罐子里装满水，然后跑回了皇宫的院子。

国王听说男孩带了满满一罐水回来，气得满脸通红，把女孩们叫了回来。然后，12个孩子被告知他们要为第二天的另一项任务做好准备。在约定的时间，男孩又来了，准备接受新的任务。"这里有11匹马，还有一只山羊，"国王说，"女孩们骑马，男孩骑山羊，到十里外一条特别的小溪里取水回来。"

12个孩子又出发了，11个女孩骑着马飞快地跑在了前面。男孩去告诉奶奶他的困境。"你去灌木丛里的兽夹那儿看看，"老奶奶说，"看它夹住了什么动物，就骑着它走。"

男孩到兽夹那儿时，女孩们已经跑得远远的了。在兽夹那里，男孩发现了一只浑身长毛的动物，男孩放了它，然后爬上它的背，一路往小溪的方向骑去。女孩们骑的马看到这样一只可怕的动物，都吓得迈不开腿了。于是，男孩最早跑到小溪边，在罐子里装满水后就回皇宫了。

这下,国王气得暴跳如雷,却又不忍心打自己的亲生儿子,他决定回到屋子里去。国王坐在屋子里,苦苦思索了很久很久。最后,他意识到男孩才是适合继承他王位的人,于是就叫他和他妈妈一起搬回皇宫。

从那以后,全家人就幸福地生活在了一起。

男孩与怪兽

东非基库尤族的故事

作者：玛丽·旺吉鲁·蒙娃里奇

改编：苏珊·佩罗

从前，有一个小男孩跟他奶奶一起住在森林边上的一栋小房子里。小男孩喜欢玩同龄男孩玩的所有游戏。

但他不像村子里别的孩子那么快乐：他渴望见到自己的爸爸妈妈，但不知道他们在哪里。每次他问奶奶时，奶奶都说他还小，等他长大了再告诉他。

日子一天又一天,一个月又一个月,一年又一年地过去了,小男孩长成了强壮的年轻人。终于,奶奶告诉他:"很久以前,你还是个小男孩的时候,这片土地上发生了严重的旱灾。我们村子边上的森林里住着一只大怪兽,等地里没什么东西可以吃了,有一天它就跑到村子里吃了所有的人。还好我及时把你救走,躲到一个隐秘的地方,我们才侥幸活了下来。"

随后,奶奶从她专用的橱柜里取出几样东西,说:"我一直为你留着这把短刀和这支长矛,等着有一天你长得足够强壮了,就到外面的世界去救回其他村民。"

年轻人从奶奶手中接过武器,第二天一早就离开家去寻找怪兽了。路上,他看到一只大青蛙跳进水里,于是用武器杀了青蛙,然后边走回家边唱:

> 奶奶,我杀了怪兽了,看看他的腿;
> 奶奶,我杀了怪兽了。
>
> (Cucu ndanoraga njoruma rora tuguru no turia twa njoruma,
> Cucu ndanoraga njoruma)

奶奶看到的是一只青蛙,就告诉她孙子那不是怪兽。

第二天一早,年轻人又拿起武器,离开家去寻找怪兽了。

路上,他看到一只螃蟹在泥泞的路上爬,于是用武器杀了螃蟹,然后边走回家边唱:

　　　奶奶,我杀了怪兽了,看看他的腿;
　　　　奶奶,我杀了怪兽了。
（Cucu ndanoraga njoruma rora tuguru no turia twa njoruma,
　　　Cucu ndanoraga njoruma）

奶奶看到的是一只螃蟹,就告诉她孙子那不是怪兽。

第二天一早,年轻人又拿起武器,离开家去寻找怪兽了。

路上,他看到一只刺猬穿过草丛,于是用武器杀了刺猬,然后边走回家边唱:

　　　奶奶,我杀了怪兽了,看看他的腿;

> 奶奶，我杀了怪兽了。

（Cucu ndanoraga njoruma rora tuguru no turia twa njoruma,
Cucu ndanoraga njoruma）

奶奶看到的是一只刺猬，就告诉她孙子那不是怪兽。现在，年轻人非常担心，他想他也许永远都找不到怪兽，救不回他的爸爸妈妈了。

但是有一天，他沿着河岸走的时候，听见了响亮的脚步声和非常大的声响。他抬起头来，看到前面有一只巨大的动物长着3个头、10条腿，他马上想到，那一定就是杀害他爸爸妈妈和其他村民的怪兽了。

年轻人用长矛跟怪兽搏斗，最后终于把它杀死了。然后，他用短刀小心地割开怪兽的胃，看到他的爸爸妈妈和其他村民都在里面。他们很虚弱，年轻人慢慢地将他们领回了家。

奶奶看到大家都回来了，非常高兴。她也为拥有这样一位强壮的孙子而高兴，于是准备了丰盛的宴会，大家一起庆祝那特别的一天。

南瓜、鸽子与木棍

卢奥族的故事

作者：艾丽丝·穆奈·韦克莎

改编：苏珊·佩罗

很久很久以前，有位老爷爷和老奶奶和他们的两个孩子住在一起。有一年大旱，闹了一场大饥荒。还好老爷爷在屋边种了许多南瓜。

一天早晨，老爷爷醒来后，决定去森林里多找一些食物。走之前，他告诉老奶奶，她可以给孩子们吃南瓜，但不要吃最大的那个。那个南瓜非常非常奇怪，他对老奶奶说，绝对不能碰它。

然后，老爷爷就去森林里了。

孩子们醒来后，老奶奶去菜园里摘了一个南瓜，煮给孩子们吃。第二天早上她又摘了一个南瓜，煮给孩子们吃。第三天早上她又摘了一个南瓜，煮给孩子们吃，可这是最后一个了——除了那个巨大的、老爷爷不准他们吃的南瓜。

第四天早上，老爷爷还没有从森林里回来，老奶奶没有东西给饥饿的孩子们吃了。她记得菜园里还有个非常奇怪、非常巨大、老爷爷不让她碰的南瓜。但孩子们非常饿，她想了又想，最后走进菜园，摘下大南瓜，走回厨房，煮给孩子们吃了。

吃完后，孩子们就病倒了。他们病得很厉害，老奶奶只好把他们放到床上，心想：要怎样才能给森林里的老爷爷捎个信呢？

这时她听见房子边的树上有一只大鸟在叫着：

笃笃、笃笃、笃笃、笃笃、笃笃、笃笃
（Du du, du du, du du, du du, du du, du du.）

她看着鸟儿,心想:"我要让这只鸟飞到森林里去找我老伴。"

于是,她让大鸟赶快飞到森林里去,叫老爷爷快点回家,因为孩子们吃了奇怪的南瓜,都病得很厉害。

大鸟叫着:

笃笃、笃笃、笃笃、笃笃、笃笃、笃笃

(Du du, du du, du du, du du, du du, du du.)

然后马上飞走了。

它飞到森林里,停在老爷爷旁边的一棵树上,开始唱道:

我从远方来,给为孩子们找食物的老爷爷捎个信;
我要他赶紧回家,因为孩子们吃了奇怪的南瓜后都病倒了。
(Nzie Nzie Nzaimbo, Nzie, Nzie, Nzaimbo, Nzia Khulola Khalasimba;
Nzie, Nzie, Mahando Gawarekha, Nzie Nziegamali Ne vang,
Nzie, Nzie, Likhomi na mulala Nzie, Nzie.)

大鸟唱了一遍，老爷爷没听懂，于是它又开始唱：

我从远方来……

（Nzie Nzie Nzaimbo……）

这回，老爷爷听懂了。他马上提起采来的一桶食物，开始往家赶。路上，他看到地上有根不寻常的木棍。他停下来仔细瞧，发现它是从路边的一棵药树上掉下来的。他捡起木棍，把它带回家。到家后，他走进孩子们躺着的屋子，用带回来的木棍碰了每个孩子一下。孩子们马上就醒了过来，恢复了健康。

然后，他们就跟周围的邻居，还有给老爷爷捎信的大鸟一起唱歌跳舞。

从那以后，他们就幸福地生活在了一起。

一条河帮一个男孩找到了自己的声音

巴尼奥罗族的故事

作者：安奈特·穆克雅拉

改编：苏珊·佩罗

从前，有个男人和他的妻子有五个孩子：四个女孩、一个男孩。

爸爸妈妈细心地照顾着孩子们，还勤奋地在菜园里种了足够养活全家人的玉米和蔬菜。

不幸的是，男孩不会说话。爸爸妈妈和他的几个姐姐试了各种办法，想让他开口说话，但都徒劳无功。

有一天，爸爸妈妈去菜园干活了，孩子们决定自己去井里打水。在路上，他们遇到了一条以前从未见过的大河，他们都过不去。

大姐走到河边，开始唱道：

爸爸妈妈想让我去到井水静静的井边。
大河啊，请给我开一条路，让我过去吧。
（Maama na taata bakampakana ntaligenda haiziba mbere amaizi gate keire nyanja iwe mpikiza ndabeho.）

河水分成了两半，中间开出了一条路，等大姐过了河，河水就合上了。

二姐走到河边，唱起同一首歌：

爸爸妈妈想让我去到井水静静的井边。
大河啊，请给我开一条路，让我过去吧。

(Maama na taata bakampakana ntaligenda haiziba mbere amaizi gate keire nyanja iwe mpikiza ndabeho.)

河水再一次分成了两半，中间开出了一条路，等二姐过了河，河水又合上了。

三姐、四姐也依次过了河。她们都唱了同一首歌，唱完之后，河水都分成了两半，为每个人开出了一条路，等她们过了河，河水就会再次合上。

轮到男孩过河时，他努力像姐姐们一样唱歌，可就是发不出声音来，这时，河水涨到了他的膝盖。他又试了第二次，还是发不出声音来，这时，河水涨到了他的腰。他试了第三次，还是唱不出声来，这时，河水已经涨到他的脖子那儿了。

男孩从河里捧起一些水，喝了下去。河水又凉爽又新鲜。

然后，他再一次努力地唱出声来，终于，他唱出声音来了，而且唱得很准确。河水分成了两半，为他开出了一条路！

他过了河，看到姐姐们在河对岸等着他。他们一起从井里取了水，高高兴兴地回了家。

在回家的路上，他们发现那条河不见了。

他们回到家里，爸爸妈妈非常高兴，因为男孩现在能开口说话了。他们在家里举办了一场盛宴，全家人一起庆祝这个特别的日子。

好热的河马

东非基库尤族的故事

改编：苏珊·佩罗

河马好热，河马好脏。

他坐在河边，看着鱼儿在深水里游来游去。"他们肯定很凉快，"他心想，"要是我能住在水里，该多么凉爽，生活该多么美好啊！"

河马决心去拜访无处不在的万物之神恩盖[①]，看他能不能帮

[①] 恩盖是肯尼亚神话中至高无上的神，传说他住在海拔 5,199 米的非洲第二高峰——肯尼亚山。

故事总是有办法

忙。恩盖叫动物们在地上跑，鱼儿在水里游。恩盖叫鸟儿在天上飞，虫儿往土里钻。恩盖叫河马生活在陆地上，以吃草为生。

于是，河马在草原上走啊走，每走一步就更热一点，他边走边喃喃自语：

我热，热，热啊，
就是没，没，没办法凉快啊。
我又热又脏啊，
我也知道每天更凉快点的方法是什么呀。

他走啊走，翻过许多大山，每走一步就更热一点，边走边喃喃自语：

我热，热，热啊，
就是没，没，没办法凉快啊。
我又热又脏啊，
我也知道每天更凉快点的方法是什么呀。

他走啊走，穿过金合欢树林，每走一步就更热一点，边走边喃喃自语：

我热，热，热啊，

就是没，没，没办法凉快啊。

我又热又脏啊，

我也知道每天更凉快点的方法是什么呀。

他走啊走啊走啊，最后来到恩盖住的山里。

"伟大的恩盖，无处不在的万物之神啊，求求你，我真想住在水里，而不是干燥的大地上，"河马充满希望地祈求着，"我保证我还是吃草。"

"啊哈！"恩盖在山顶上大声喊道，"这是你说的。可有一天，你可能，就可能，会吃掉一条鱼，看看味道如何。然后你就可能会吃掉我所有的小鱼！"

"噢，不会的，我保证不会。"河马说。

"啊哈！"恩盖大声喊道，"这是你说的！可我怎么相信你说的是真的？我喜欢我的小鱼们！"

"我会给你看，"河马许诺道，"你随时都可以来检查我的嘴巴，就会知道我没有偷吃小鱼了。我会用尾巴搅起河水，你就会知道我没有偷藏鱼骨头了。"

"啊哈！"恩盖大声喊道，"好吧，你可以住在水里，但是……"河马等待着，"但是你晚上必须回到陆地上吃草，这样，即使天很黑，我也能知道你不会偷吃我的小鱼。你答应吗？"

河马高兴地答应了，然后快速地（以他那四条小短腿能走的最快速度）往家赶，穿过金合欢树林，越过重重大山，穿过草原。

终于，他来到河边，跳进深深的河水里，溅起了好大的水花！他不会游泳，于是像石头一样沉了下去，他只好屏住呼吸，在河底奔跑。

直到现在，你都能看到河马白天在水底活动，晚上在陆地上吃草。白天，他摇动尾巴，搅起河水，让恩盖看他没有偷藏鱼骨头，还不时浮上水面，张开大嘴，说："看吧，恩盖，没有鱼！"

如果你仔细听，你也许还能听见他在河水里唱他的"凉爽歌"：

我凉，凉，凉，

住在水中央，

每天都凉快舒爽！

小葫芦与星星公主

东非基库尤族的故事

作者：塔拉斯拉·瓦切拉·基曼尼

改编：苏珊·佩罗

从前，在很远很远的一片土地上，一位美丽的小女孩和她的爸爸妈妈住在一起。小女孩很善良，很有礼貌，还很听话。她的爸爸妈妈和全村人都很喜欢她。

有一天，她爸爸把自己的小葫芦给了她，让她去附近的河里取水。她像往常一样，把小葫芦稳稳地放在头上，轻轻摆动着身体，走到了河边。没想到，在取水时，小葫芦从她手里滑了出去，顺着急急的水流漂走了。

小女孩沿着河岸去追小葫芦,一边唱起一首歌:

爸爸的小葫芦,

你丢下我,去哪儿了?

(Kanya ka baba ni wathii wandigo,

wathii wandiga)

她想尽了办法,但不管多么努力,始终都抓不住小葫芦。把爸爸的小葫芦弄丢了,她不敢回家——她认为爸爸会生气。天黑了,爸爸妈妈担心起来,因为小女孩一般不会太晚回家。他们不知道发生了什么事,心里很着急,于是出门去找她。接连很多天,村民们都帮忙一起找,但就是找不到小女孩,大家只好伤心地回家了。

小女孩追小葫芦追了很多很多天,一直唱着她的那首歌:

爸爸的小葫芦,

你丢下我,去哪儿了?

(Kanya ka baba ni wathii wandigo,

wathii wandiga)

有一天，她终于抓住了小葫芦，非常开心。她马上把小葫芦放在头上，像往常一样放得稳稳的，踏上了回家的路。她走了许多许多天，又饿又渴又虚弱。

天快黑时，她看见了一棵无花果树，树上结了许多甜甜的果子。

果子们对小女孩说："美丽的小女孩，请来尝尝我们吧，我们很甜。"可小女孩摇摇头，说："不用了。"因为她不能做爸爸妈妈没有允许她做的事情。

无花果树说："你看起来又累又虚弱，在这儿休息一会儿吧，我会照顾你的。"然后，树上掉下了许多叶子，厚厚地盖在小女孩身上，她不再觉得冷了，也不会被风吹到了，小女孩现在感觉又温暖又安全。

第二天，小女孩谢过无花果树，踏上了回家的路。现在，她比以前更美、更坚强了。天快黑时，她看见一个甘蔗园，大枝大枝的甘蔗溢出了甜甜的甘蔗汁。

"小女孩，"他们说，"过来尝尝我们的汁有多甜吧。"但她摇摇头，说："不用了。"因为她不能做爸爸妈妈没有允许她做的事情。

甘蔗说："美丽的小女孩，你看起来又累又虚弱，在这儿休息一会儿吧，我们会照顾你的。"

甘蔗一枝枝聚拢，在小女孩身边围出了一个圆形的棚屋，她不再觉得冷了，也不会被风吹到了，小女孩现在感觉又温暖又安全。

第二天，小女孩谢过甘蔗。她比前一天更美、更坚强了，因为她的善良、有礼貌和听话都转化成了内心的力量和美。她把小葫芦顶在头上，再一次踏上了回家的路。

远远地，她就看到了自己的家。她走到大门口时，她的爸爸妈妈看到她了，欢天喜地地出门迎接她。爸爸让人宰了一只大肥羊，然后将全村的人——不论大人小孩，都请来了。全村人看到小女孩都很高兴，大家一起分享了一顿盛宴。

大家高高兴兴地吃饭喝酒时，小女孩变得越来越美、越来越坚强了，很快，她就开始像颗小星星一样闪闪发光。大家看见了，就给她改名叫"星星公主"。从那天起，她就一直是星星公主，一直幸福地生活着。

总不想做自己的变色龙

东非故事

作者:诺琳·阿彻昂·奥格维诺

改编:苏珊·佩罗

从前,有只小变色龙跟她的朋友们还有她妈妈一起住在森林里。小变色龙总问她妈妈,为什么她长得跟森林里的其他动物不一样。

"为什么我的朋友蜥蜴跑得很快,我却不能呢?"

妈妈回答说:"可你能走得又慢又稳啊,亲爱的小家伙!"

"为什么我的朋友壁虎能长出新的尾巴,我却不能呢?"

妈妈回答说:"可你的尾巴就像多出来的一只手,还能拿东西呢,亲爱的小家伙!"

"为什么我的朋友小鸟能在高高的天上飞,我却不能呢?"

妈妈回答说:"可你能倒立行走,小鸟却做不到啊,亲爱的小家伙!"

"为什么我所有的朋友都不会变色,我却老是变来变去呢?"

妈妈回答说:"变色能保护你的安全,让你不受伤害,亲爱的小家伙。"

有一天,小变色龙决定自己去森林里走走。她先在一棵树的树枝上倒立行走,看到几只美味的毛毛虫躲在树叶底下,于是伸出长长的舌头,抓住毛毛虫,把它们吃掉了。"真美味啊!"她想。

故事总是有办法

她沿着树枝往回走的时候，变成了和树皮一样的颜色。突然，一只老鹰飞过来了，它在找吃的呢！它看到小变色龙的边上有一条黄色的蛇，就飞下来，抓住蛇，用嘴叼着飞走了。它根本就没有看见小变色龙。

"我真是一种幸运的动物啊，"小变色龙说，"我很高兴做我自己！"

南瓜新娘

马赛族的故事

作者：旺格兹·吉金果

改编：苏珊·佩罗

很久很久以前，有一位年轻的马赛勇士想找一位不是凡人所生的新娘。

他的村子里找不到这样的姑娘，于是他带着三个烤红薯和他爸爸的祝福，到外面的世界去寻找。"你找到你的新娘后，就回家告诉我，我们好准备你的婚宴。"他爸爸说。

天一亮，勇士就动身了。

他在森林里走了很久，最后来到一个岔路口，他不知道该走哪条路。这时，他看到一位几乎又瞎又聋的老人坐在路口乞讨。

勇士给了老人一个红薯，老人站起身来，问道："你上这儿来，有什么事吗？"勇士告诉老人，他想找一位不是凡人所生的新娘。

老人说："你一直往前走，就会看到一个村庄，一头巨大的狮子在守护着那个村庄。它向你冲过来的时候，你往它嘴里丢个红薯，它就不会伤害你。勇敢地走过狮子身边，村庄的大门就会自动打开。接着，你走进村里的第一间棚屋，就会看到三只南瓜。切开一只南瓜，一个美丽的姑娘就会像花朵开放一样从南瓜里出来。要记得马上给她水喝，不然她很快就会枯萎。"

勇士谢过老人，向那个村庄走去。快到村口时，一头狮子咆哮着向他冲了过来。他把一个红薯丢进它嘴里，狮子就安静地躺在了他脚边。他走进第一间棚屋，看见桌上放着三只南瓜，于是径直走过去，切开了一只南瓜。

给我水喝，生命之水。

（Nipe maji ninyuwe, maji ya uzima!）

南瓜里出来了一个姑娘，勇士还没来得及给她水喝，她就很快枯萎了，就跟出现时一样快。勇士又切开了一只南瓜。

给我水喝，生命之水。

（Nipe maji ninyuwe, maji ya uzima!）

南瓜里出来了一个姑娘，勇士还没来得及给她水喝，她就很快枯萎了，就跟出现时一样快。

现在只剩下一只南瓜了，勇士决心这次要准备得充分一些：在切南瓜之前，他要把水准备好。

他注意到村庄边上有个湖，湖边长满了枝繁叶茂的大树。他把最后一只南瓜带到湖边，放在地上，然后切开了南瓜。

给我水喝，生命之水。

（Nipe maji ninyuwe, maji ya uzima!）

故事总是有办法

一位美丽动人的姑娘从南瓜里出来了,勇士弯下腰,给她喝了一些湖水。然后,勇士惊喜地看到,那个姑娘活了下来。她微笑着,向勇士伸出了她的手。

勇士简直没法相信眼前发生的一切。他喜出望外,从自己手上戴着的镯子中取下一只,送给了那个姑娘,然后牵着她的手,踏上了回家的路。

那头狮子还在路上拦着,幸好勇士还有一个红薯。他把红薯丢进狮子嘴里,狮子就安静地在路边躺了下来。

鸟儿们都为姑娘歌唱,猫头鹰睁着明亮的圆眼睛在夜里守护他们,他们帮助勇士和他的新娘穿过森林,找到了回家的路。

天亮的时候,他们已经快走到家了。勇士的爸爸远远就看见了勇士和那个美丽的姑娘。他宰了一头白色的公牛,庆贺儿子成为了真正的马赛勇士。

全村人都收到邀请,大家载歌载舞,举办了一场盛大的婚宴。

卡由齐与恶魔

东非基库尤族的故事

作者：特里西亚·穆布鲁·穆多尼

改编：苏珊·佩罗

在两条大河交汇处的一片陆地上，住着一个民族。这个民族很久很久以前就住在那里了，这个故事是他们民族的故事之一。

兰布拉跟她的爸爸妈妈还有两个弟弟——恩约古和卡由齐住在一起。恩约古是个强壮的男孩，经常被叫去放牧爸爸养的牲畜。卡由齐却从小就有病，身体很弱，不能劳作，也基本不出门。他一出家门，别的孩子就拿他寻开心，还嘲笑他："卡由齐快进屋吧，一会儿风该把你吹倒了。"

兰布拉是家里唯一的女儿,负责给家里打水和砍柴。她很同情卡由齐,希望人们别再取笑他了,生病又不是他的错。

有一天,兰布拉去河边取水。她一边往葫芦里装水,一边开始唱歌:

> 我的朋友,你的亲家让我捎个信给你:
> 他酿好了啤酒,宰好了牛,正等着你呢。
> (Munyanya wakwa ju ukuirwo atiri ju,
> ni muthonigwo ju rugite njohi ju,
> ndegwa agathija ju, kengere kainagia sigu)

她刚唱完,就听到河里传出一声巨响,一个体型巨大的恶魔突然出现在她面前,说:"我要把你煮的所有食物都吃了,我饿极了!"

兰布拉只好把恶魔带回村里,一路上,她都在担心自己的生命安全。

回到村里后,恶魔吃掉了谷仓里所有的粮食。他吃得太饱,路都走不动了,只好爬回河里。

第二天,兰布拉去河边取水时,恶魔听到兰布拉甜美的歌声,又出现了。但这次村里已经没有食物了,恶魔转身问兰布拉:

"还有什么可以吃的?我饿极了。"

兰布拉担心自己的生命安全,就回答道:

"那就把所有的男人都吃了吧,别再来找我了。"

于是恶魔吃掉了所有的男人,一个都不放过。

第二天,恶魔吃掉了所有的女人。

第三天,他吃掉了所有的小孩,连兰布拉也吃了,村里一个人都看不见了。

没有人知道,卡由齐还活着。恶魔进村时,他是唯一一个躲在棚屋里的人。恶魔离开后,卡由齐找出他兄弟最锋利的那把猎刀,把刀磨得能把空气都砍断。第二天,他早早就起床,来到了河边,然后藏在附近的灌木丛里,开始唱歌:

我的朋友,你的亲家让我捎个信给你:
他酿好了啤酒,宰好了牛,正等着你呢。
(Munyanya wakwa ju ukuirwo atiri ju,
ni muthonigwo ju rugite njohi ju,
ndegwa agathija ju, kengere kainagia sigu)

恶魔太贪心了,他都不问问自己是谁在唱歌,也忘了村里所有人都已经被自己吞进肚子里了。一听到歌声,他马上就冲出了水面。

恶魔刚一出来,卡由齐就用锋利的猎刀把他的胃从头到尾划开了,然后一个接一个地救出了所有的村民。大家都很感激卡由齐,推举他当村长,又举办了盛大的宴会,庆祝这个特别的日子。

苹果老鼠

卡兰津族的故事

作者：维吉尼亚·加多尼·恩加娜

改编：苏珊·佩罗

很久很久以前，在一个花园里有一只旧鞋，鞋里住着一只小老鼠和他的一个弟弟、两个妹妹。他们常常一起玩游戏：爬上鞋顶，再从上面滑下来。

鼠爸爸和鼠妈妈住在旧鞋边上的一截旧木头里。孩子们玩耍时，鼠妈妈会透过木头上的一个节孔看着他们。

一天，鼠妈妈发现她的大儿子不见了。原来，小老鼠在花园里发现了一个大苹果，他很饿，于是啃了一口，在苹果上留下了一个圆圆的洞。然后又啃了一大口。

苹果上的洞变大了，足够小老鼠在里面安家了。于是，苹果就成了小老鼠的苹果小屋，小老鼠就成了一只苹果老鼠！

苹果老鼠在他的新家外面一片高高的草丛里玩。他爬上一枝花茎，把花茎压弯了；又从花茎上往下看，看见一只蜥蜴在石头上晒太阳；不远处，一只甲壳虫在一片叶子上慢慢地爬着。

突然，苹果老鼠掉到了草丛里。他没有受伤，但是被吓到了，于是赶忙跑回他的苹果小屋。苹果真好吃啊，他越啃越多，越啃越多。

他把苹果啃穿了，就在苹果小屋的一侧做了个窗户。

这时，一只蜗牛散步到了附近，看到苹果小屋，就决定进去看一看。但苹果小屋不够大，容不下他跟苹果老鼠两个，苹果老鼠只好从窗户跳了出去。

苹果老鼠跟蜗牛玩了一会儿，蜗牛就走了，继续去散步了。苹果老鼠从苹果小屋里跳出来，找了一些别的东西吃。花园里长着蔬菜，还有甜甜的草莓，但苹果老鼠还是觉得苹果最好吃。

苹果老鼠太喜欢苹果了，一直吃个不停，直到有一天把苹果小屋的屋顶都啃出了一个洞。突然，天开始下雨了。冰冷的雨滴打进苹果小屋里，苹果老鼠只好一动不动地坐在小屋里。

雨终于停了，苹果老鼠浑身都湿透了。他开始清洁身体——先弄干净左脚，再弄干净右脚，然后是鼻子。之后，他从屋顶的那个洞里挤了出去，到太阳下面去晒干身体。

那天晚些时候，风吹来了一片叶子，刚好盖在苹果小屋上。这样，苹果老鼠又可以蜷起身子，睡个好觉了。

第二天早上，苹果老鼠醒了，肚子跟平常一样饿，于是又开始吃苹果。他吃了太多的苹果肉，把苹果小屋都吃垮了。还好，他又找到了一个很大的蜗牛壳，刚好够他住进去。他把蜗牛壳推到家里人住的地方附近，他的爸爸妈妈看到儿子回来了，都高

兴极了。

之后，小老鼠爬进他的新家，闭上眼睛，很快就睡着了。

荨麻与玫瑰

西非"阿兰西故事系列"

改编：苏珊·佩罗

一天，蜘蛛阿兰西在他的小屋里忙活着做一顿美味的饭。饭做好了，他把锅端上饭桌——有炖豆子、煎鱼，还有玉米面包。闻起来真香啊！阿兰西满心欢喜地准备开始吃饭。

阿兰西正要吃时，响起了敲门声。"来得可真不巧啊，"阿兰西想，"我坐在这儿不发出声音，说不定客人就会自己走了。"

敲门声还是响个不停，最后，阿兰西只好从饭桌边站起来，走过去打开了门。门外站着一只乌龟,他又热又累,满身尘土。

"你好,阿兰西,"乌龟说,"我走了整整一上午,累坏了。我能进来歇个脚吗?"

阿兰西很不情愿,但他怎么能拒绝呢?如果他拒绝,大家会怎么看他啊?于是,他很有礼貌地把乌龟请进屋。乌龟一进屋,就看到了饭桌上的食物,闻到了食物的香味。

当然,阿兰西知道他必须邀请乌龟一起吃。即便阿兰西很自私,也知道自己必须遵守当地的习俗。

但接着,他想出了一个聪明的办法——至少他自认为很聪明!

他拿来一块大毛巾,递给了乌龟。

"吃饭前把路上弄的灰都洗干净,这样才有礼貌,"阿兰西说,"沿着我家边上的小路往前走,有一条小河。带上这块毛巾,去河边洗洗吧。"

乌龟觉得这个建议很好：他又热又脏，到河里洗干净后再享用美食，真是再好不过了。到了河里，乌龟把水洒到自己身上，把自己洗得又凉快又干净，然后沿着小路走回了阿兰西的家。让他惊讶的是，当他回到阿兰西的小屋时，看到阿兰西已经吃掉了一半的炖豆子和煎鱼。

"我得趁热吃，"他的朋友说，"哎呀，看看你的脚，脚上沾满了小路上的尘土，你不能脏着脚坐在我的饭桌边，你得到河里去把脚洗干净。"

乌龟往下一看，果然，从河边走回阿兰西的家时，他走得太快了，脚上沾满了小路上的尘土。乌龟赶快回到河里，把脚都洗干净了。这一次，当他小心地踩着小路边的草，四只脚干干净净地走回他朋友的小屋时，却刚好看见阿兰西咽下最后一口饭。

故事到这儿还没有结束呢。

过了几个星期，阿兰西出了趟远门。天黑时，他走到了乌龟在湖边的家。这时阿兰西又热又累，肚子饿得咕咕叫。

"晚上好，我的朋友，"乌龟说，"你看起来很累，一定饿了吧？我的晚餐快准备好了，我做了辣子鸡和米饭，希望你能跟我共进晚餐。"

阿兰西很高兴，辣子鸡和米饭正是他最喜爱的食物之一，于是欢欢喜喜地接受了邀请。

乌龟去继续准备晚饭了，他让阿兰西先休息一会儿。乌龟回来后，把阿兰西领到了湖边，对他的朋友说："跟我来。你知道的，在水里吃饭让我感觉最舒服了。"

之后，乌龟就跳进清澈的湖水里，一直向下游。阿兰西看见乌龟把晚餐摆到湖底的一个饭桌上，于是脱掉外套，跳进水里。可是阿兰西根本就追不上他的朋友，他的身体太轻了，沉不下去。他努力把头塞进水里，屁股却翘出了水面。他把身体塞进水里，头却冒出了水面……他就是没有办法沉到湖底去。

阿兰西只好眼睁睁地看着乌龟坐在饭桌边享用晚餐。

阿兰西心里怒火熊熊，腹中空空，怒火熊熊烧，肚子咕咕叫！

接着，他想出了一个聪明的办法——至少他自认为很聪明！

他游回岸边，捡了几块重重的石头，然后穿上外套，把石头揣在兜里。穿着外套下水后，他很快就沉到了湖底。

乌龟欢迎阿兰西下来，邀请他坐到饭桌边。这时，桌上的锅里还剩下不少食物。但阿兰西还没有开始吃，乌龟就抢先提醒他的朋友，穿着外套坐在饭桌边很不礼貌。

当然，阿兰西可不想别人认为他没有礼貌，于是就把外套脱了。没有了石头的重量把他往下拉，阿兰西一下子就浮回到了水面上。

乌龟继续享用他的晚餐，一口一口地尽情享受着美味的辣子鸡和米饭。吃完后，他放下勺子，轻声对自己说："种荨麻的人得不到玫瑰。"

大老鼠潘雅

作者：苏珊·佩罗

这则非洲故事取自一个很常见的主题，用到了非洲的一些动物名和斯瓦希里语中的一些名字，很幽默，并且与俄罗斯一则经典的荒诞故事"贪食鼠"的主题类似。那则故事讲一只小老鼠发现了一只倒扣在地上的锅，就钻进去把锅当成了自己的家。在这个版本里，非洲大老鼠潘雅在草地上发现了一顶倒扣在地上的旧帽子，就把它当成了自己的家。

这是一个非常棒的故事，适合讲给那些在听故事的时候很不耐烦、很难专注的孩子，讲故事的人可以用一只手的五个手指代表五种动物，另一只手拿一顶旧红帽（或者半握着拳头，代表帽子）。同时让孩子们用自己的手指和手来表演，他们就很容易被吸引。故事快结束时，我通常会叫一个孩子上来，握住一只拳头，表演"压扁一切的鬣狗"，然后叫其他孩子也参与进来，一起发出鬣狗的大笑声。

一天，大老鼠潘雅在非洲平原上徘徊，想找一个地方作新家。他发现一顶旧红帽躺在草地上，于是蹦蹦跳跳地跑过去往里看。

"旧红帽，旧红帽，谁住在这顶旧红帽里呀？"

没有人回答，于是大老鼠潘雅就住进了旧红帽里。

不久，青蛙楚拉穿过草地，来到帽子前问：

"旧红帽，旧红帽，谁住在这顶旧红帽里呀？"

"是我呀，你是谁？"大老鼠潘雅说。

"我是青蛙楚拉，我可以跟你住在一起吗？"

于是青蛙楚拉跳进旧红帽，跟大老鼠潘雅住在了一起。

不久，野兔松古拉穿过草地，来到旧红帽前问：

"旧红帽，旧红帽，谁住在这顶旧红帽里呀？"

"是我呀。"大老鼠潘雅说。

"还有我呀，你是谁？"青蛙楚拉说。

"我是野兔松古拉，我可以跟你们住在一起吗？"

于是野兔松古拉跳进旧红帽，跟青蛙楚拉和大老鼠潘雅住在了一起。

不久，猴子图比利穿过草地，来到旧红帽前问：

"旧红帽，旧红帽，谁住在这顶旧红帽里呀？"

"是我呀。"大老鼠潘雅说。

"还有我呀。"青蛙楚拉说。

"还有我呀,你是谁?"野兔松古拉说。

"我是猴子图比利,我可以跟你们住在一起吗?"

于是猴子图比利跳进旧红帽,跟野兔松古拉、青蛙楚拉、大老鼠潘雅住在了一起。

不久,长颈鹿突加穿过草地,来到旧红帽前问:

"旧红帽,旧红帽,谁住在这顶旧红帽里呀?"

"是我呀。"大老鼠潘雅说。

"还有我呀。"青蛙楚拉说。

"还有我呀。"野兔松古拉说。

"还有我呀,你是谁?"猴子图比利说。

"我是长颈鹿突加，我可以跟你们住在一起吗？"

于是长颈鹿突加弯下他的长脖子，挤进旧红帽里，跟猴子图比利、野兔松古拉、青蛙楚拉、大老鼠潘雅住在了一起。

不久，鬣狗费斯穿过草地，来到旧红帽前问：

"旧红帽，旧红帽，谁住在这顶旧红帽里呀？"

"是我呀。"大老鼠潘雅说。

"还有我呀。"青蛙楚拉说。

"还有我呀。"野兔松古拉说。

"还有我呀。"猴子图比利说。

"还有我呀，你是谁？"长颈鹿突加说。

"我是压扁一切的鬣狗，"鬣狗费斯说，然后坐到旧红帽上，

想把它整个压扁。

幸运的是,旧红帽边上有一个洞,所有朋友都及时地从洞里跑了出去。大老鼠潘雅穿过草地跑走了,去找一个新家;青蛙楚拉穿过草地跑走了,去找一个新家;野兔松古拉穿过草地跑走了,去找一个新家;猴子图比利穿过草地跑走了,去找一个新家;长颈鹿突加穿过草地跑走了,去找一个新家;只留下鬣狗费斯坐在一顶空的红帽子上!

那天晚些时候,费斯的朋友们看到他坐在那儿,他们觉得他的样子很好笑,于是开始大笑起来:"咕咕咕,咕咕咕,咕咕咕。"

从那天起,直到现在,只要你去非洲大草原,你就能听到鬣狗像这样大笑着:"咕咕咕,咕咕咕,咕咕咕。"

拼凑出来的长颈鹿

作者：苏珊·佩罗

故事灵感源自马赛族人的智慧

当初，造物主在创造非洲大陆上的所有动物时，他想找到一个办法，让自己能随时了解他的动物孩子们的情况和想法。但他总是忙着处理世界上其他地方的其他事情，他需要选一种动物来做守卫者——守卫非洲的守卫者。

但选哪种动物，才能让其他动物不生气、不难过，也不嫉妒呢？

他有了个主意，他决定不从已经创造好的动物当中选，而是创造出一种新的动物，专门做守卫者。他的工作间里还有一些当初创造各种动物时用剩下的肢体，刚好能派上用场。于是，造物主用那些肢体拼凑出了一种新的动物，并为他取名叫长颈鹿。做好后，他小心翼翼地把长颈鹿放到了非洲草原上，让所有动物都来看。

长颈鹿长着骆驼的背、鸵鸟的长脖子、水牛的蹄，身上的花纹又像蛇又像猎豹。

长颈鹿有狮子的勇气与力量、大象的高贵与智慧，还有黑斑羚的美丽与优雅。

长颈鹿来临的消息很快就传遍了整片非洲大陆，不论远近，所有动物都跑来看这个不寻常的动物。他们聚拢在他的脚边往上看，惊叹他的美丽与高挑。他们努力跟他说话，但造物主好像忘了赋予长颈鹿声音！

长颈鹿只是在他的新朋友中间踱着步，静静地从高处俯视着他们。

很快，所有动物就习惯了长颈鹿的存在，并把他当成了朋友。长颈鹿只吃树顶上和灌木丛顶上的叶子，其他食草动物不必担心他会抢走他们的食物，狮子和非洲豹则很快就学会离长颈鹿那强壮的腿远一些。

其实，造物主没有忘记赋予长颈鹿声音。

只是其他动物都太矮了，听不到长颈鹿说的话。

长颈鹿一直在跟造物主交谈，他的低语声穿过天空，直达天堂。直到今天，人们还能看到长颈鹿守卫着广阔的非洲草原，并跟造物主低声交谈着。

现在，非洲草原上的马赛族人说，如果你想变得有智慧，就一定要学会像长颈鹿一样——只是静静地观察着身边发生的事，并学会低声跟造物主交谈。

第三辑　21世纪童话故事

引言：光明与阴影

现代世界是一个光明与阴影、善与"恶"、慷慨与贪婪、关爱与自私扑朔迷离，循环不息的复杂世界。在现代世界的许多层面——环境、经济、政治、社会和精神上，充斥着许多的差异和冲突。有时，人们很难找到坚持下去的希望，但如果不怀抱希望，人类又怎能穿越火与雨制造的阴影，找到出路呢？

童话故事可以照亮这条路！我们可以精心选择传统的童话故事，以满足特定的需求。但更重要的是（对这个主题的故事而言也是如此），我们可以也应该为现在这个时代创作出现代的童话故事。

童话故事里智慧的隐喻信息，能触动、安抚、鼓励儿童和成年人，激发他们的热情，让他们更有力量，有时还能起到疗愈的作用。

在这个主题的现代童话故事中，主角们克服各种障碍，完成各类艰巨的任务，改变各自不好的性格，使正义战胜了邪恶，永恒的真理得到了维护。

下面是几个例子：

- 天空之灵帮助了哭泣的裁缝，帮他清洗干净了彩色丝线——《绣满鲜花的和服》
- 一个支离破碎的玩偶被人从泥堆里救了出来，还交到了新朋友——《鲤鱼王子》和《鸡蛋花娃娃》
- 一根邪恶的刺刺穿了一朵玫瑰的心脏，使那朵玫瑰凋谢了，但之后却催生出了一片新的玫瑰园——《玫瑰与刺》
- 一个小孩帮助自然织娘重建了被满不在乎国王毁掉的花园——《光之花园》
- "工作之歌"失而复得——《织巢的金鸟》
- 银海豚为悲伤的公主找回了微笑——《光之公主与银海豚》
- 魔法石帮助一个女孩改变了朋友们对她的欺凌行为——《魔法石》

- 在一个幽默的故事——《圆圆的棕色椰子》中，一个椰子发现了真正的自我。童话故事并不总是严肃的！

这些年来，创作治疗性故事的工作把我带到了许多国家。在旅途中，我收到了更多的创作请求——请求我特别针对全球性与全国性的危机以及现代世界的其他挑战创作治疗性故事。我对这些请求的第一反应是："故事能有什么用呢？全球性危机太严重了，一个故事根本解决不了！"2011年，我听说新西兰发生了可怕的地震，紧跟着日本又发生了海啸，这些灾难激发了我的创作欲望。两周后，我决定试一试！按照"隐喻、情节和解决方案"的结构模式，我清楚地描述了我的解决方案——关爱的力量、同舟共济的力量，然后想到了隐喻，最终创作出了《影子巨人》（收录在我的前一本中文书中）。

这个童话故事的创作让我收到了日本一家出版社东京书籍的邀请，邀请我跟他们合作编一本日本故事集，帮助在海啸中幸存的人与家庭从灾难中复原，并找回希望。《绣满鲜花的和服》《鲤鱼王子》和《生命之光》就选自这本日本故事集。2013年11月，台风"海燕"过后，菲律宾的教师和心理学家也采用了这个日本故事集：他们把故事稍加改编后，用于帮助灾民疏散中心的儿童，

《织巢的金鸟》和《鸡蛋花娃娃》就是改编后的两个例子。

一些童话故事是针对全国性的问题而写的，比如我的前一本中文书中收录的《彩虹马》，是我为新南非所写的反种族歧视的故事；这本书中的《玫瑰与刺》，是我为2011年于特岛惨案发生后的挪威儿童写的。

还有一些故事是针对环境问题的，比如《光之花园》；一些故事则只关注儿童的基本行为和价值观，比如《魔法石》和《光之公主与银海豚》。

在人类历史上的每个转折点和每个阶段，人们都会重新审视已有的神话，改编已有的故事和传说，用来帮助自己与新的环境对话。在这个主题的故事中，我略尽绵薄之力，以我最爱的故事——童话故事——为媒介，尝试与光明与阴影并存的现代世界对话。并且希望通过讲故事的方式，让人们在这个时代的冲突与创伤中找到希望。

希望你能喜欢这个主题的故事。

绣满鲜花的和服

这个故事是在2011年日本海啸发生后,为了帮助人们从灾难中复原、重拾希望而写的。

从前有一个裁缝,他制作出了世界上最华美的丝绸和服。他的店开在海边一个小村庄的一个花园中央。村民们常常说他把花园、小山、海洋和天空都绣到了他的布料上,所以和服上的刺绣才如此美丽。全国各地的人们都赶来购买他的丝绸制品。

裁缝独自一人生活,每天都在设计,生意也很好。但有一件和服,他绝不出售。这件和服是浅绿色的,像绵延起伏的丘陵一路延伸到海边那样,和服上绣满了地里长出的各种花朵。没人能说服裁缝忍痛割爱。他把这件和服挂在裁缝店的橱窗里,用坚固的架子固定在玻璃后面,让所有人都可以看到,但不让任何人买走。

很多年里,日子都照旧,裁缝每天都在设计制作新的和服。但是有一天,一个可怕的悲剧降临到裁缝所在的村庄。没有任何预警,在远离海岸的地方,海洋像一头丑陋的野兽那样高高地直立了起来,向海岸边掀起一股巨浪。巨浪席卷了整个村庄,把所有房屋和商店以及里面的所有东西都掀了个底朝天。村民们,包括他们的孩子和家畜,都被卷入黑泥漩涡。一些人被卷入大海,有的幸存了下来,有的则没有。

刚好那天裁缝到城里去了。回到村里时,他看到的只有黑泥和混乱。他几乎认不出他的村庄了,所有东西都支离破碎,混杂在一起。后来他认出了自家花园里的一棵树,那是村子里唯一一株还顽强地挺立着的树。裁缝开始疯狂地挖那棵树周围的泥,找他那件绣满鲜花的和服。日复一日,一周又一周,他挖啊挖。他用找到的砖块和木头给自己建了个小屋子,睡在里面。日复一日,一周又一周,他还在不停地挖,拼命地寻找他那件宝贵的和服。

最终,在树根周围的一堆烂泥和碎玻璃中,裁缝找到了他那件美丽的丝绸和服,它已经被磨烂、扯破了。他把和服摊在现在当桌子用的旧木板上。和服上那些绣上去的花朵曾经那么栩栩如生,现在几乎难以辨认,和服上还沾满了黑泥。裁缝哭啊哭,低着头哀悼那件满是泥浆的和服。

后来,一个小小的奇迹发生了:裁缝的眼泪滴落到和服上,眼泪滴到的所有地方都有一点点绿丝绸开始在黑泥下闪闪发光。他赶紧找来肥皂和水,开始轻柔地擦洗,洗了很久,和服终于又变得干净了。但巨浪的拍打使得刺绣上的线松软无力、毫无生气,还有大量的修补工作要做。

裁缝继续挖,寻找绣花线的线轴。经过了更多天的挖掘和搜寻,他找到了他想找的线轴盒,线轴盒跟和服一样沾满了黑泥。但是,现在裁缝已经筋疲力尽了,清洗所有的丝线对他来说工作量太大了。他哭啊哭,打算放弃了。

裁缝的哭声被风一路从山谷吹到了小山上。他继续哭,他的

哭声又被风一路从小山上吹到了高山上。他还在哭,他的哭声于是被风一路从高山上吹到了天上。

在高空中的云层后面,天空之灵听到了裁缝的哭声,决定下到人间去帮助他。他们飞到线轴盒里,拉着每一条彩色丝线的两端,将它们全部拉上了云端。在高高的天空中,沾满污泥的丝线被完全展开,像一条从地面伸入高空的黑带。

然后天空之灵唤来清洁的雨水,嘀嘀嗒嗒,嘀嘀嗒嗒,雨滴的声音把裁缝从悲伤中唤醒了。他抬头看天时,看到了彩色丝线组成的华丽的彩虹,被雨水洗得干干净净,从高空一直垂到地面。

带着巨大的喜悦,裁缝伸手握住了彩虹。他小心地把各种颜色的丝线缠回到线轴上,直到他的线轴盒里再次装满了闪亮的丝线。

现在,他可以开始修补那件珍贵的和服了,也可以在绿色的丝绸上绣新的花朵了。

裁缝花了一年做这件事,每天他都绣一片新的花瓣到一朵新的花上。终于，那件绣满鲜花的和服补好了，再次被挂到了新裁缝店的橱窗上。新裁缝店仍然开在海边那个小村庄的那个花园中央。

现在，裁缝准备好再次为全国的人做美丽的衣服了——把花园、小山、海洋和天空都绣到丝绸和服上。

光之花园

这则有关环保的童话故事是写给1992年的世界环境日的,后来由澳大利亚拜伦湾的一家制作公司制作成了一小时的音乐剧。2010年,这出音乐剧在菲律宾被改编成了木偶剧,并用当地的他加禄语讲给贫民窟里的许多孩子听。

这个故事最近被一班9岁的孩子加工过,他们改写了故事的结局,把"满不在乎国王"改成了"有爱心的国王"。我相信,如果你能从童话故事真正的精神含义的角度去理解我的原始版本,读这个故事就会是一场丰富多彩的灵魂之旅。如同18世纪德国诗人诺瓦利斯的动人表达:"童话故事中的所有角色都是一个虚构人物的部分形象或某些方面,那个人物本质上……就是我们自己,与我们的自我相关,描绘了我们努力成为一个真正的人的过程。"这么说来，满不在乎国王只有死去，石墙才会出现裂缝，孩子们才能帮助自然织娘找到让金球重新发光的新办法。

我将自由改编权留给读者。

从前，有一个美丽而宽阔的花园，从峡谷绵延到了平原，又从小山绵延到了海边。

美丽的花园里有各种各样的花儿、草儿和树木，美丽的花园里还住着各种各样的鸟儿、蝴蝶和蜜蜂。

那片土地上的所有孩子都喜欢在那个美丽的花园里玩，他们每天都在花园里玩，这让他们又健康又快乐。

在花园中部那座最高的小山的山顶上，有一个闪闪发光的大金球。金球散发出的灿烂光芒，让花园里充满了春日的光彩。

山脚下的一间房子里，住着自然织娘，她是照顾金球的人。她的房子里有一个圆圆的编织篮和一台织布机，她的任务是把金球擦得亮亮的，让它一直闪闪发光。

每天，自然织娘都会挎着圆圆的编织篮走进花园，采来新鲜的花草和叶子，把编织篮装满，然后在织布机上用那些花草和叶子织出一匹柔软的自然之布。

然后，她就爬到山顶上，用那匹柔软的自然之布把金球擦得亮亮的，直到金球散发出的灿烂光芒让花园里充满了春日的光彩。

就这样过了很久很久，一切都顺顺当当的：金球离不开花园，花园也离不开金球，孩子们在美丽的花园里玩得很开心。

可是有一天，一个新国王接管了那片土地。新国王被叫作"满不在乎国王"。满不在乎国王只在乎自己，别的什么都不在乎。他不在乎花儿，不在乎草儿，不在乎树；他不在乎鸟儿，不在乎蝴蝶，不在乎蜜蜂，也不在乎孩子们能不能在美丽的地方玩耍。

满不在乎国王只在乎自己喜欢的事情，而他唯一喜欢的是收集财宝。所以，满不在乎国王才刚刚接管那片土地，就开始让工人挖掘财宝，并建造用来收藏财宝的城堡。

慢慢地，花园里的花草树木被一点一点地砍了下来，拿去挖掘财宝、建造收藏财宝的城堡。

花园变得越来越小，自然织娘发现，她越来越难以找到新鲜的花草和叶子去装满圆圆的编织篮了，要在织布机上织出一匹柔软的自然之布变得越来越不容易，把金球擦亮也变得越来越难了。慢慢地，金球不再散发出灿烂的春日光彩。慢慢地，金球失去了光泽，变得灰蒙蒙的，就像阴暗的暴风雨天气里的乌云那么灰、那么暗。

很快，美丽的花园就失去了她的美丽。花园里再也没有花儿、草儿和树木，也没有鸟儿、蝴蝶和蜜蜂，孩子们也不能在美丽的地方玩耍了。

现在，最高的小山的山顶上就只剩下一个失去光泽的大灰球。

山脚下的房子里，自然织娘坐在空空的编织篮和织布机旁边。花园周围的土地变成了一片棕褐色的荒原，地上布满挖掘财宝留下的洞，还有一座座用来收藏财宝的城堡。

许多年过去了。花园被遗忘了，后来出生的孩子们已经习惯了在不美丽的地方玩耍。满不在乎国王一点也不在乎美丽的花园不再美丽了，他一直在城堡里数着他的财宝，兴高采烈的。可是有一天，他透过城堡的窗户，碰巧看到了山上那个失去光泽的大灰球。

"那可真难看！"他对自己说，"我得想办法把那个灰球遮住——它让我心里很不舒服。"

满不在乎国王命令工人围着灰球下的小山建了一堵高高的石墙。那堵高高的石墙上没有门也没有窗，谁都看不到墙里面的灰球，自然织娘只好整天坐在房子里，陪伴她的，只有空空的编织篮和织布机。

石墙建好的第二天早上，满不在乎国王刚一醒来就觉得很不舒服。照镜子的时候，他发现自己的脸色很灰暗，就像阴暗的暴风雨天气里的乌云那么灰、那么暗。

全国的医生都被叫到他的床边，可是他们都没有见过这样的病。他们试了各种各样的治疗方法，可是一点用都没有。满不在

故事总是有办法

乎国王的脸色变得一天比一天灰暗，他病得那么重，没熬到春天就死了。

就在满不在乎国王死了的那天，高高的石墙上出现了一些裂缝。裂缝很小，在墙边玩耍的一个小女孩也很小。她发现自己正好可以钻过墙上的一道裂缝。钻过去后，她抬头一看，看到了山上那个失去了光泽的大灰球，也看到了山脚下的房子，她走到房子边，往里面张望。里面坐着自然织娘，旁边是空空的编织篮和织布机。

自然织娘疲惫但友好地微笑着，说："我希望你没有来得太晚。"然后招呼小女孩走进屋里，给她讲了那个曾经又美丽又宽阔的花园的故事，讲了那些花儿、草儿和树木的故事，还有那些鸟儿、蝴蝶和蜜蜂的故事。她说她的编织篮过去常常装满新鲜的花草和叶子，她说她过去常常用织布机织出一匹柔软的自然之布，她说她的任务是把那只球擦得亮亮的，让它一直闪闪发光，让花园里充满春日的光彩。

小女孩觉得很惊奇，眼睛睁得大大的，叫了起来："我们一定要让美丽的花园回来，让大灰球重新散发出金色的光芒。"

"好，"自然织娘叹息着说，"办法是有一个，但我太老了，一个人做不了，需要你的帮助，需要这片大地上所有孩子的帮助，你们得准备好去辛勤地劳动。把你能找到的所有孩子召集起来，把他们带到这儿来，我会告诉你们要怎么做。我希望你没有来得太晚！我真的希望你没有来得太晚！"

小女孩找到了很多孩子，把他们带到自然织娘的房子里，然后坐了下来。自然织娘拿出一个小盒子给孩子们看，"这些是我的宝贝，"她说，"是花园被毁坏之前我采集回来的。"她打开盒盖，孩子们看到盒子里有好多好多小小的种子。"有你们的帮助和辛勤劳动，我们就能播下这些种子，让美丽的花园回来。然后我就能织出一匹新的自然之布，用那匹布，我们就能让失去光泽的灰球重新散发光芒。"

自然织娘教孩子们满怀爱心地挖土、播种、浇水，照顾刚刚发芽的小苗苗。每天，孩子们都在灰球脚下的花园里劳动。

等花园里的花草树木都长高了，自然织娘就把圆圆的编织篮交给孩子们，让他们在篮子里装满新鲜的花草和叶子。然后，自然织娘坐到织布机边，重新织出了一匹柔软的自然之布。孩子们将那匹柔软的自然之布带到山顶上,开始擦那个失去光泽的大灰球,他们擦了很久。在很多天里,孩子们把那个失去光泽的大灰球擦了又擦。

慢慢地,慢慢地,慢慢地,过了很长时间,在孩子们的努力下,大灰球一点一点地恢复了金色的光芒。大球的光芒那么灿烂,让山脚下的花园充满了春日的光彩。孩子们继续不断地擦着金球,直到有一天,金球散发出了非常灿烂的金色光芒,那光芒照在高高的石墙上,使高高的石墙……倒塌了!

金球的光芒普照着整片土地,美丽的花园又一次变得宽阔了,从峡谷绵延到了平原,又从小山绵延到了海边。

跟以前的孩子一样,现在的孩子也能在美丽的地方玩耍了。

鲤鱼王子

这个故事是在 2011 年日本海啸后写的。

鲤鱼王子是一个武士玩偶。他又强壮又英俊，穿着一件武士服。武士服由小片金属做成，看起来像闪闪发亮的鱼鳞。他曾经住在一个小孩的卧室里，是卧室里所有玩具中最受喜爱的一个。

但现在一切都变了。一个巨浪袭来，洪水淹没了大地，鲤鱼王子被冲出了卧室的窗户，在一条黑乎乎的河里打转，然后被冲到一个满是砖块、石头和木头的大泥堆里。他的一条腿被扯掉了，两只胳膊和身体的大部分地方都裂得很厉害。像鲤鱼鱼鳞一样、用闪闪发亮的小片金属做成的武士服也被扯得零零碎碎，然后被水冲走了。

一连很多天，他都被挤在泥堆里，他的头和一条腿从砖块、石头和木头堆里露出来。鲤鱼王子觉得自己再也不是一个武士王子了，他觉得自己的美好生活已经到头了。

后来有一天，一个小男孩经过那里，看到脏乱的泥堆里有一个玩偶，于是兴奋地把玩偶从泥堆里拉了出来，然后带回家洗干净。在爸爸的帮助下，他把鲤鱼王子两只胳膊和身体上的裂缝都修补好了。

小男孩的妈妈找来一些边角皮料，用针和线拼拼凑凑，缝了一件武士服，还缝了一顶小皮帽。

鲤鱼王子不大喜欢他那带有裂缝的丑陋的身体，也一点都不喜欢那件拼拼凑凑的皮衣和小皮帽。只剩一条腿让他感到羞耻——有谁听说过只有一条腿的武士玩偶呢？

但小男孩似乎没有注意到他的新玩偶只有一条腿。他不在意玩偶胳膊和身体上的那些裂缝，也不在意玩偶的武士服是用边角皮料拼凑而成的。

巨浪袭来的时候，小男孩失去了他所有的玩具。现在有新玩具跟他一起玩，他就很高兴了。

男孩节①到了，小男孩带着他的新玩偶去参加节日庆典。他在花园里找到一根彩色的羽毛，把它缝在了鲤鱼王子的小皮帽上，然后叫他"羽毛帽王子"。

鲤鱼王子很喜欢听小男孩叫他的新名字。过了一段时间，鲤鱼王子的新名字缩短为"帽王子"（Prince Cap），跟他原来的名字（Prince Carp）差不多。

慢慢地，帽王子习惯了自己带有裂缝的身体，也习惯了那件拼拼凑凑的武士服。

慢慢地，帽王子习惯了自己只有一条腿。

慢慢地，帽王子爱上了他的新主人，他们在一起幸福地生活了许多年。

---

① 日本的一个节日，时间是每年的 5 月 5 日。人们会悬挂鲤鱼旗，祝福家中的男孩健康成长。

生命之光

这个故事是在2011年日本海啸后写的。

从前,一个海湾里有一个小镇,镇上有很多人家,每户人家都有一个发光的灯笼,灯笼照亮了人们的生活,帮助他们变得又智慧又坚强。白天,灯笼像太阳一样发出金光;夜晚,灯笼像星星一样闪闪烁烁。

就这样过了很多很多年,灯笼照耀着小镇上每家每户的生活,镇上的人都过得很好。

可有一天,海里来了一个巨大的怪兽,怪兽身后拖着一个很黑的大袋子。怪兽憎恨所有闪亮或发光的东西，憎恨一切亮光。它想把镇上所有的灯笼全装在黑袋子里带走，于是残酷无情地迅速扫荡了小镇——闯进每户人家，抢走发光的灯笼，再把灯笼装进大袋子，然后带着装得满满的、沉甸甸的袋子回到了海里。

小镇上漆黑一片，哀声遍地。看上去怪兽似乎把镇上的所有灯笼全抢走了。没有了灯笼的光，人们要怎么活下去呢？

但慢慢地，在黑暗的海湾周围，有几所房子里零零星星地亮起了微弱的光：还好，怪兽太着急了，有几户人家的灯笼没被抢走。

人们聚集到小镇的广场上开了一个会。一些没遭到怪兽洗劫的人提着自家的灯笼来了，他们一致同意，作为幸运者，他们必须想出一个办法，将他们拥有的光明散播到镇上其他地方，跟所有人分享。他们想帮助那些生活在黑暗与悲伤中的人们。他们知道，他们拥有的光明能帮助其他人找到前进的路。

于是，他们提着灯笼，在黑暗的街道上走来走去，为其他人照亮脚下的路。他们回到家里后，又打开门和窗，让灯笼的光照

到外面去。

还有一些没被怪兽抢走灯笼的人家没去开会。他们把家里的窗帘拉得紧紧的，把门关得严严的，把灯笼的光藏了起来。他们觉得很羞愧，心情很沉重：为什么可怕的怪兽把镇上其他地方都洗劫一空了，他们家却幸免于难？为什么别人家黑灯瞎火的，他们家却幸运地保住了灯笼？他们就那样紧闭着门窗，全家人都躲在家里，不愿意出门。

一天又一天，一周又一周，一个月又一个月，很长时间过去了。一些人忙着想办法跟别人分享他们拥有的光明，另一些人却依然躲在家里，把他们拥有的光明藏起来。

秋风吹起来了，接着，漫长而寒冷的冬天席卷了大地。

再后来，春天带来了希望。

鸟儿唱起了歌，蜜蜂嗡嗡叫，蝴蝶翩翩起舞，花儿也开了，温暖的阳光照耀着那些紧闭门窗的人家。

那些人家的孩子感觉到春日阳光的温暖在召唤着他们，再也不愿意在家里多待一天了。他们用力拉开窗帘，推开大门，跑到街上去玩了。

多亏了那些孩子们，从那天开始，那些人家拥有的灯笼的光，也透过门窗照到了外面，照亮了镇上那些黑暗的街道。这些光与其他灯笼的光汇聚到了一起，把整个小镇都照亮了，就跟从前一样。

从那以后的很多很多年，灯笼发出的光继续让小镇上的所有人变得又智慧又坚强。

白天，灯笼像太阳一样发出金光；夜晚，灯笼像星星一样闪闪烁烁。

鸡蛋花娃娃

2013年11月,我为受到台风"海燕"重创的菲律宾的孩子们创作了这个故事。这个故事改编自《鲤鱼王子》,根据其他的创伤性事件,还可以进行改编,比如一场森林大火烧光了所有的财产。

鸡蛋花娃娃是一个公主洋娃娃,以前住在一个小孩的卧室里。她是卧室里所有玩具中最受喜爱的一个。她是如此的美丽,脸庞光彩照人,黄白相间的连衣裙散发着温暖与喜悦。

但现在一切都变了。一场猛烈的暴风雨袭来,洪水淹没了大地,鸡蛋花娃娃被冲出了卧室的窗户,在一条水流湍急的河中打转，然后被冲到一个满是砖块、石头和木头的大泥堆里。她的一只胳膊从腋窝处被扯掉了，两条腿上有许多地方都裂开了，连衣裙则变成了破布。

鸡蛋花娃娃觉得自己不再是个公主洋娃娃了。很多天，她都被挤在泥堆里，她的脸和一只胳膊从砖块、石头和木头堆里露出来。鸡蛋花娃娃觉得她的美好生活落得了一个悲惨的结局。

后来有一天，一个小女孩经过那里。她看到了泥堆里的鸡蛋花娃娃，于是兴奋地把娃娃从泥堆里拉了出来，然后带回家洗干净。在爸爸的帮助下，她把娃娃腿上的裂缝都粘好了。

小女孩的妈妈找了些碎布，用针和线拼拼凑凑，给娃娃缝制了一条连衣裙。

鸡蛋花娃娃不大喜欢她那带有裂缝的丑陋的腿，也一点都不喜欢那条拼拼凑凑的连衣裙。她为自己只有一只胳膊感到羞耻——有谁听说过只有一只胳膊的洋娃娃呢？

但小女孩似乎没有注意到她的新玩偶只有一只胳膊。她不在意玩偶腿上的裂缝，也不在意玩偶的连衣裙是用碎布缝的。

猛烈的暴风雨袭来的时候，小女孩失去了自己所有的洋娃娃，现在有新的洋娃娃跟她一起玩，她就很高兴了。

鲜花节①到了，小女孩带着自己的新玩偶去参加节日庆典。她挑选了一些鸡蛋花，做了一个花环给洋娃娃戴在头上，并且管洋娃娃叫"鸡蛋花"。听新主人用她真实的名字称呼她，鸡蛋花娃娃很开心。

慢慢地，鸡蛋花娃娃习惯了自己带有裂缝的腿和拼拼凑凑的连衣裙，也习惯了只有一只胳膊。慢慢地，她爱上了她的新主人，她们在一起幸福地生活了许多年。

---

① 菲律宾的节日，时间是每年的二三月间。

织巢的金鸟 ①

这是一个能帮助人们重新唱起生命之歌与工作之歌的故事。

从前,在海边的一棵树上,两只个子小小的花蜜鸟住在一个巢里。一只是鸟妈妈,一只是鸟爸爸。两只花蜜鸟都在织巢。

每天,他俩都忙着采集小木棍和小树枝,再把它们编织在一起,让他们的巢变得又温暖又安全。他们喜欢一边织巢,一边歌唱。他们一天到晚都唱着织巢歌。

---

① 有一种织巢的黄腹花蜜鸟,下颌与胸腹部都长着金黄色的羽毛。

有时候，海上会刮来一阵大风，大风会把鸟巢整个刮到地上。个子小小的花蜜鸟要辛勤工作很久，才能把巢重新织好。他们一边织巢，一边唱着织巢歌。有时候，山上会飘来一片乌云，接着大雨会把鸟巢整个冲到地上。个子小小的花蜜鸟要辛勤工作很久，才能把巢重新织好。他们一边织巢，一边唱着织巢歌。他们不停地采集、编织、歌唱，采集、编织、歌唱，采集、编织、歌唱……

个子小小的花蜜鸟很喜欢织巢，当然了，他们织的巢有很重要的用途：每当春天来临，又温暖又安全的巢就是放置小鸟蛋的地方；每当春天来临，小鸟蛋就会孵出小花蜜鸟；每当春天来临，花蜜鸟妈妈就能在巢里喂养和照顾小花蜜鸟。

小花蜜鸟长大后，就飞到其他树上，开始自己的新生活——一边唱着织巢歌，一边编织新的鸟巢。

日子一天天过去，许多年后，海边的许多树上有了许多鸟巢，里面住着许多个子小小的花蜜鸟，他们过着快乐的生活。

但有一天，花蜜鸟的生活完全变了。在离海岸很远的大海上，一场暴风雨像一头发怒的野兽一样盘旋、打转，朝着海岸刮起了狂风、涌起了巨浪。巨浪淹没了大地，冲走了许多树。怒号的狂风把树上幸存的鸟巢全刮跑了。

一些花蜜鸟努力飞得高高的，躲过了巨浪的袭击。他们在天空中不停地盘旋着，盘旋着，直到筋疲力尽才停下来。他们停在了在暴风雨中顽强生存下来的松树的树枝上，找地方休息。他们冻得瑟瑟发抖，只好挤在一起取暖。他们的很多亲人去世了，他们的家园被摧毁了，他们也不再歌唱了。但小鸟们不能休息太久，他们需要飞翔，他们需要织巢。他们不再歌唱了，但织巢工作还得继续。

个子小小的花蜜鸟们飞到很远的地方去采集小木棍和小树枝。他们不再歌唱了，但织巢工作还得继续。他们忙碌了一整个秋天，又忙碌了一整个冬天，又忙碌了一整个春天，采集、编织，采集、编织，采集、编织……

慢慢地，健壮的松树树枝上布满了许多新编织的鸟巢。个子小小的花蜜鸟辛勤地工作了很长时间。他们不再歌唱了，但织巢工作还得继续。

到仲春时，他们已经为小鸟蛋准备好了又温暖又安全的地方。小鸟蛋孵出了许多小花蜜鸟。在又温暖又安全的巢里，鸟妈妈精心地照顾着小鸟。奇迹中的奇迹发生了，他们开始唱起一支新的织巢歌。

小花蜜鸟长大后，就飞到松树的其他树枝上，开始了自己的新生活——一边唱着新的织巢歌，一边编织新的鸟巢。日子一天天过去，个子小小的花蜜鸟一整天都忙着工作，一边工作，一边歌唱。

在健壮的树木周围，慢慢地，慢慢地，非常慢地，长出了一些小树苗。希望不久之后，这些小树苗就会长大，变得健壮，健壮到能让更多个子小小的花蜜鸟在树上织巢，一边织巢，一边唱着织巢歌。

玫瑰与刺

这个写给挪威的孩子们的故事,是应一个在挪威阿伦达尔当小学老师的朋友的要求而创作的。目的是让学校里的孩子、老师以及家长在经历了2011年于特岛惨案这个创伤性事件后重拾希望。故事里的意象受到了让饱受震惊的挪威民众团结起来、重拾希望的奥斯陆"玫瑰游行"的启发。

当时的挪威首相斯托尔滕贝格向手持玫瑰的民众致辞:"邪恶可以杀死一个人,但永远无法打败一个民族。"

我曾把这个故事稍微修改了一下,用于帮助一个十几岁的女孩对付厌食症。在那个版本中,我删掉了有关王子的情节,只讲到了公主。

从前，一个王子和一个公主住在一个被美丽的花园环绕着的城堡中。花园里有很多种花，最漂亮的是玫瑰花。那丛玫瑰花与众不同——里头有一朵完美的红玫瑰，似乎永远都不会凋谢，而且绿色的茎枝光滑无刺。

四面八方、远远近近的人们都来欣赏这完美的奇观——没有刺而且看上去永远都不会凋谢的一朵玫瑰！每天，王子和公主都会散步经过花园，停下来为那朵玫瑰的美丽和神奇而感恩。

然而，在玫瑰花丛的深处，一根长长的尖刺深藏在茎枝中，正迫切地想冒出来。它已经在玫瑰花丛中生长很久了，慢慢地，慢慢地，慢慢地，它在想办法向上生长。这根刺沿着绿色的茎枝向上生长时，碰到了茎枝上木质的表皮，那些表皮太坚硬了，这根刺几乎没法穿透。

终于有一天，这根又长又尖的刺长到了玫瑰花丛的顶端，就是那朵柔软鲜红的玫瑰花在阳光下绽放的位置。这道关对这根又长又尖的刺来说，很容易通过。于是，它刺穿了红玫瑰的心脏，来到了阳光下。

玫瑰的心脏被刺穿后,红色的花瓣纷纷掉落,飘到了地上。那天晚些时候,王子和公主到花园里散步,被他们看到的景象震惊了。他们美丽的红玫瑰凋谢了,花瓣被风吹得四处都是,连茎枝都枯萎了,变成了褐色。在傍晚的光线中,只剩一样东西还在闪闪发光,就是那根高高指向天空的银色的刺。

王子和公主很快就叫城堡里的园丁挖出凋谢的玫瑰花丛,然后回到城堡里悼念凋谢的红玫瑰。那天晚上,一场大雾笼罩了花园。

很多个日夜过去了,夏去秋来,秋去冬来,城堡和花园似乎已经消失在了浓重的大雾中。

但随后,春天的阳光又开始照耀了,在明亮的阳光中,寒雾慢慢消退了。一个晴朗的春天的早晨,王子和公主从城堡的窗户往外看,看到了一个非常奇妙的景象:在以前玫瑰花瓣飘落的所有地方,都有玫瑰在生根发芽,并且长得又高又壮,玫瑰花正含苞待放。

太阳升起时,所有新生的花苞都绽开了,有很多种不同香味、不同颜色的玫瑰花——黄色的、橙色的、蓝色的、紫色的、粉色的、红色的和白色的。王子和公主满怀欢欣与希望走进了花园，四面八方、远远近近的人们都为这些美丽、神奇的玫瑰花而感恩。

林德尔温的歌声

这是许多年前我写的一个关于魔法南瓜的故事。1997年,我把它作为礼物送给了在南非参加我的培训课程的一个女人。这个故事的隐喻——摘南瓜的历程和最后的解决办法,灵感来自于一个非洲朋友诺曼格西·恩札莫对我的评论:"不歌唱,我们就永远也不会发现我们可以越过种族隔离制度的荆棘地。"

后来,这个故事在开普敦各个城区的许多保教中心和学校里流传了开来。

因此,我的一位朋友诺布莱洛·马耶西曾将这个故事描述为写给新南非的疗愈性童话故事。

很久以前,有一个小村庄,村庄边上有一块田地,在田地中央，一颗小小的南瓜种子刚刚发芽。小小的幼芽长啊，长啊，长啊，最后结出了一个村里人从没见过的最大、最漂亮的金黄色南瓜。

那可不是一个普通的南瓜，那块田地也不是一块普通的田地。随着南瓜渐渐长大，田地周围也长出了一圈荆棘丛，把田地围了起来。荆棘丛长得那么密、那么厚，等到南瓜成熟了，可以摘的时候，却没有人能穿过那道荆棘丛。

村民们开了一个会，讨论该怎么办。一位老爷爷说："我有一把锋利的斧头，我会尽力把荆棘丛砍倒。"于是他拿起斧头，想从荆棘丛中砍出一条路来。可是每次刚砍下一根枝条，另一根新的枝条就会迅速从砍过的地方长出来。他从早砍到晚，最后只好放弃了。

一位大婶说："我有一把结实的铲子，我会尽力把荆棘丛挖掉。"于是她拿起铲子开始挖。可是荆棘丛的根长得很坚实，而且密密麻麻地缠在一起。她从早挖到晚，最后只好放弃了。那可不是一个普通的南瓜，那块田地也不是一块普通的田地！

一个小伙子说:"我是爬树高手,我会尽力爬过荆棘丛。"于是他爬到了荆棘丛上,可是那些荆棘又长又尖,就跟针一样,戳破了他的衣服,刺伤了他的皮肤。他从早爬到晚,最后只好放弃了。那可不是一个普通的南瓜,那块田地也不是一块普通的田地!

第二天,一个名叫林德尔温的小女孩路过村庄,她因拥有世界上最动听的歌声而闻名。她路过时,听说了村民们遇到的困难,于是在荆棘丛旁边的一块石头上坐了下来,开始放声歌唱:

金黄色南瓜,金黄色南瓜,正等着我们呐。

(lthangaelikulu, lthangaelikulu; lishleliebobeni, lishleliebobeni.)

林德尔温的歌声是那么的动听,附近田野里的所有动物都跑着跳着,来到她的身边,听她歌唱:

金黄色南瓜,金黄色南瓜,正等着我们呐。

(lthangaelikulu, lthangaelikulu; lishleliebobeni, lishleliebobeni.)

林德尔温的歌声是那么的动听,天空中的鸟儿都飞下来,落在树上,听她歌唱:

金黄色南瓜,金黄色南瓜,正等着我们呐。

(lthangaelikulu, lthangaelikulu; lishleliebobeni, lishleliebobeni.)

林德尔温的歌声是那么的动听,地里的毛毛虫和其他虫子都爬出了地面,坐在她的脚边,听她歌唱:

金黄色南瓜,金黄色南瓜,正等着我们呐。

(lthangaelikulu, lthangaelikulu; lishleliebobeni, lishleliebobeni.)

林德尔温的歌声是那么的动听,甚至天上的云朵也降落下来,听她歌唱:

金黄色南瓜,金黄色南瓜,正等着我们呐。

(lthangaelikulu, lthangaelikulu; lishleliebobeni, lishleliebobeni.)

一片小云朵降得很低,正好落在林德尔温的面前。林德尔温停止了歌唱,微笑着看了看村民们,然后走到那片小云朵上去。小云朵载着她,升到了空中,然后越过荆棘丛,降落在南瓜地的中间。

林德尔温摘下那个漂亮的大南瓜，把它放在小云朵上。小云朵载着她，升到了空中，然后越过荆棘丛，一直飞回到村子的中央才降落下来。

那天晚上，村民们把南瓜煮熟，举办了一场盛大的南瓜宴，庆祝林德尔温用她动人的歌声，想办法越过了有魔力的荆棘丛，摘到了那片土地上最大、最漂亮的金黄色南瓜。

亮晶晶

这篇童话故事是为帮助一个8岁的女孩而写的,这个女孩有缓慢加重的视力障碍。

从前,有一个小女孩,她降生到这个世界的时候,有一双跟流星一样明亮的眼睛。她的爸爸妈妈立刻就爱上了那双明亮的眼睛,于是为她取名叫"亮晶晶"。活泼可爱的小女孩跟她的家人一起住在一片大森林的边上,每天跟她的兄弟姐妹一起在花园里捉迷藏,也玩别的游戏。

这样过了几年,亮晶晶的眼睛开始变得黯淡了,这让她很苦恼。渐渐地,她不再去花园里玩耍了,也不再想新的游戏去跟她的兄弟姐妹玩。

有一天,亮晶晶坐在一棵树下,唱起了一首悲伤的歌:

我希望,我希望,我多么希望我的眼睛和从前一样明亮啊。
我希望,我希望,我多么希望有一双新眼睛,把这世界好好端详啊。
我希望,我希望,我是多么希望啊。我真的很悲伤。
我希望,我希望,我是多么希望啊。我已快想断愁肠。

小女孩悲伤的歌声被树仙奶奶听到了,她神奇地从枝繁叶茂的大树里出现了,站着聆听小女孩悲伤的歌声。一开始,亮晶晶泪眼模糊,没注意到树仙奶奶。后来,她听到有人说话,才抬头去看。"亲爱的亮晶晶,"树仙奶奶说,"我会为你指一条路,让你找到你想找的东西。但你得独自踏上旅程,并且一个人走到终点。你需要一些工具,但你已经都有了,就是你身上的所有感官。我再送你几样小礼物,它们能帮你找到你的路。"

树仙奶奶回到地底深处她那树根里的家,拿出一块光滑的水晶,森林里所有树木的智慧都凝聚在那块水晶上,闪闪发光。她将一条长长的藤蔓编织成一条项链,把水晶挂在上面,然后把它送给亮晶晶,让她戴在脖子上。她又给了亮晶晶一个小袋子,让她背在背上。袋子里有一张地图,地图上指出了一条穿过黑森林的路。"沿着这条路,"树仙奶奶说,"你会走到一块特别的空地。空地上有一个又深又宽的池塘,你将在池塘里找到你想找的东西。"

说完这些智慧的话,树仙奶奶就如她出现时那样神奇地消失了,只剩下小女孩和她收到的那些礼物。

到那时为止,小女孩还从没去过那片森林。人们告诉她,森林里有很可怕的东西,所以她不想走近森林。但她现在有了闪闪发光的水晶项链,有了树仙奶奶给的地图,不知怎么就有了上路的勇气。

亮晶晶走进了森林,月光正穿过树叶洒下来,亮晶晶沐浴在银色的月光中。月亮轻声地对她说:"我也能帮你走过这段旅程。在月圆、月光明亮的时候,我就会为你指路。"

亮晶晶觉得自己已经准备好了,树仙奶奶和月亮的礼物也给了她力量,于是她深深地吸了一口气,检查了一下脖子上的水晶

故事总是有办法

项链和袋子里的地图，然后就走上了通往黑森林的小路。

亮晶晶走得越远，月光就变得越暗。她有点害怕，于是用尽全力紧紧握住脖子上的水晶项链。她身边响起了奇怪的声音，飘来了奇怪的味道，无以名状的恐惧差点就让她转身往回跑了。但她知道，她必须继续前进。

亮晶晶沿着小路继续往前走，爬过了一些岩石和巨大的树根。当她奋力穿过狭窄的豁口时，黑莓枝上的刺划破了她的皮肤。然后，她听到隆隆的雷声越来越近、越来越响。"不！"亮晶晶心想，"我得赶快找个地方避雨，暴风雨马上就要来了！"

小女孩离开小路，摸进了一个深深的、黑暗的地洞。她小心翼翼地慢慢爬下地洞，把外衣紧紧裹在身上取暖。在那个洞里，她至少能安全地避开暴风雨，但洞里很黑，亮晶晶什么都看不见。因为害怕，她的肚子绷得紧紧的，直到她深深地吸了一口气，摩挲着脖子上的水晶项链，启动了树仙奶奶说她拥有的那些工具——她身上的所有感官，才放松下来。她的听觉与嗅觉突然灵敏起来，帮助她安全地躲在洞里，直到暴风雨过去。她的鼻子告诉她雨已经停了，她的耳朵告诉她不再打雷了，风也停了。拥有这些感官,她是多么开心啊!

亮晶晶走出了黑暗的地洞,看到一些月光穿过树叶洒下来,照着她找回了那条小路。亮晶晶继续往前走,现在,她稍稍松了口气。雨水让脚下的路变滑了,但月光却更明亮了,亮晶晶心情非常轻松,甚至哼起了小曲。

可她才转过一个弯,森林里又暗了下来,她还撞上了一个又硬又冷的东西。"不!"她心想。猛烈的暴风雨过后,森林里到处是被暴风雨抽打过的树木,几棵大树被吹倒了,横在小路上,像一座危险的树山。但她必须爬过去,没有别的路可以走了!

亮晶晶的平衡觉帮助她战胜了这个挑战。她摇摇晃晃地往上爬啊,爬啊,爬啊,爬到了树山上。那些树倒下来时堆得乱七八糟的,她用到了身上每一块肌肉的力量,才没让自己掉下去。她的触觉告诉她该把手放在哪儿,她的平衡觉则使她不致于向后摔。终于,她爬到了树山顶上,坐下来歇口气。

在树山顶上,亮晶晶看到月光又明亮了一些,心中充满了感激:"亲爱的月亮,你那银色的光辉可真让我欢喜啊。"月亮微笑起来,照得更亮了,并且轻声地回答亮晶晶:"加油,小亮晶晶,你是一个勇敢又聪明的女孩。我活了几千年,你是我见过最聪明最勇敢的小女孩中的一个。在月圆、月光明亮的时候,我就会为你指路。"

在月光的照耀下,亮晶晶安全地从树山上爬了下来。她看了看地图,继续沿着曲曲折折的小路前进,在森林里越走越远。那条小路似乎永远都走不到头!

亮晶晶走啊走啊,慢慢地陷入了沉思。她想到了安安全全待在家里的兄弟姐妹。为什么只有她得走这趟旅程?为什么她不能回家无忧无虑地玩耍?

她满脑子都是这些念头。没多久,她就发现自己又唱起了那首悲伤的歌:

我希望,我希望,我多么希望我的眼睛和从前一样明亮啊。

我希望,我希望,我多么希望有一双新眼睛,把这世界好好端详啊。

我希望,我希望,我是多么希望啊。我真的很悲伤。

我希望，我希望，我是多么希望啊。我已快想断愁肠。

亮晶晶的眼里充满了泪水，泪水滑下她的脸颊，滴在水晶项链上。水晶项链似乎感觉到了她的眼泪，开始发光，并且变得越来越温暖。水晶的温暖传遍了亮晶晶的全身。在水晶发光的同时，小女孩好像听到所有的树木一起对她说："亮晶晶，伤心得哭出眼泪也没有关系，我们以前也哭过很多次。我们都走在自己的路上，每个人的路都跟别人的不一样。我们都必须选择自己的路，爬过自己的山，转过自己的弯，去找回我们自己。没有低谷就没有高峰，没有跌倒就没有崛起，没有黑暗就没有光明。"

树木们的智慧让亮晶晶重新鼓起了勇气，继续往前走。她一边走，一边还能感觉到脖子上水晶发出的温暖。现在的森林比之前都更暗，她听到了令人毛骨悚然的、可怕的声音，但她没有停下来。她以最快的速度向前走着，迅速冲过那些弯道，沿着小路一路向前，直到她突然冲进了一片空地。

一走进空地，那令人毛骨悚然的、可怕的声音就消失了，亮晶晶什么都听不见：风停了，树叶不再沙沙作响，所有动物都静悄悄的。

亮晶晶静静地站着，环顾四周，享受着那个地方的宁静。然后，她注意到空地的中央有个又深又宽的池塘。明亮的月光照在池塘上，照得水面闪闪发光。

亮晶晶看了看地图，发现那就是她一直在找的池塘。是的，她终于找到了！

亮晶晶被闪闪发光的水面吸引了，迫不及待地想实现自己的愿望，于是慢慢走近池塘。来到池塘边后，她俯下身去，望着池水，水里有一对她从未见过的、最美丽的眼睛在看着她。看着那个倒影，亮晶晶感到特别高兴——她知道，她已经到达了旅程的终点。

很快，黎明时分那淡粉色的光线照进了黑森林，照亮了小路。亮晶晶慢慢地往家走，一边走一边快乐地唱着歌。她那首悲伤的许愿歌已经不再那么重要了。

光之公主与银海豚

　　这个故事是写给一个 8 岁的女孩的，她很自卑。她所在的班级里大部分都是女孩，而且大多数女孩都比她聪明漂亮，她们总是嘲笑她，这已经开始影响她的日常生活了。与此形成鲜明对比的是，两年前她在幼儿园里曾是最快乐、最受欢迎的孩子之一，她在幼儿园时因美丽的笑容而闻名。

　　这个女孩最喜欢的动物海豚在这个故事里扮演了一个充满智慧的救助者的角色。她的哥哥姐姐把"光之公主"的故事画成绘本，作为圣诞礼物送给她。女孩很喜欢这个故事，让别人一遍遍地讲给她听。这个故事以及绘本的创作也让女孩的家人更为清楚地意识到了她所处的困境。

从前有一位公主，住在森林里的一座大城堡中。城堡周围有一座美丽的花园，花园里有各种颜色的鸟儿和花朵，彩虹的每一种颜色都可以在那里找到。陪公主一起玩的，还有小猫们、小马们以及许多的朋友。

公主因她那美丽的笑容而远近闻名。家里人都非常爱她，他们知道，她笑起来之所以那么美丽，是因为那笑容来自她心里闪耀着的光芒。因此，他们常常叫她"光之公主"。她在花园里玩耍、跳舞时，连花儿们都会向她转过头去，以为是太阳笑得那么灿烂。

光之公主长大了一些，开始到王国的其他地方旅行。她最喜欢的朋友是住在海边一座城堡里的一位公主。光之公主喜欢在海边度过夏天，在海滩上玩耍、跳舞，在清澈的蔚蓝色海水里跟海豚一起游泳。

许多年里，两位公主一直是一对快乐的好朋友。可是慢慢地，光之公主注意到她的朋友——被人称为"聪明公主"的那位公主——似乎在许多事情上都比她做得好：聪明公主跑步比她快，画画比她美，游泳也比她游得更好更快。

光之公主越想越难过，有时甚至生起气来。在她难过、生气的时候，她就很难笑起来了。而在光之公主不笑的时候，她就什么事情都做不好了。如果她笑不起来，没办法让自己开心，她就没办法跑步、没办法游泳、没办法画画，没办法做任何事情。

一天，光之公主去找聪明公主玩。那天天气非常热，所以她们决定一起到清凉的蔚蓝色海水里游泳。她们游了很远，越过暗礁，游到了海豚跳舞玩耍的深海中。

整个上午，她们都跟她们的海豚朋友一起玩，玩得很开心。到了要上岸的时候了，聪明公主提议说："我们比赛吧。"然后飞快地游到了前面，把光之公主一个人留在深海中。

看到自己的朋友比自己更聪明，游泳也游得更快，光之公主又难过又生气。她越难过、越生气，就游得越慢，以致后来，她的两条胳膊、两条腿都动不了了。于是，可怕的事情发生了：她一停下来，就开始往下沉。

往下沉呀沉，光之公主从阳光照耀的明亮的海面沉到了黑暗的海底。往下沉呀沉，最后，她都能感觉到自己脚下和身边都是坚硬、冰冷的岩石，她发现自己陷入到了一个深深的黑洞里。她朝左看、朝右看、朝上看，可是什么也看不见。

这时，她听到了一个声音，接着看见一样东西银光一闪。那是一只海豚，一只银色的海豚，光之公主以前从未见过。

"抓住我的尾巴，"海豚轻声说，"我会尽力把你带回到海面上。但是你得蹬腿，跟我一起努力，不然我们就没法一起回到海面上！"

于是，光之公主抓住海豚银色的尾巴，慢慢蹬起她的双腿，向前蹬、向后蹬，向前蹬、向后蹬，直到她感觉自己浮出了那个黑黑的岩洞。她蹬得越来越快，向上，向上，向上，她游动着，向上，向上，向上，游向那明亮的海面。

最后，她跃出了水面，又一次回到阳光里，她深深地吸了一口气，然后给了她的海豚朋友一个最美丽的微笑——她以前从来没有笑得那么美丽。

"爬到我的背上吧。"银海豚说，看到光之公主恢复了笑容，

它非常高兴,"爬上来,抓紧了,我们要乘着海浪越过暗礁。"

于是,光之公主爬上海豚的背,乘风破浪,一直回到了岸边。这次经历她一辈子也忘不了。聪明公主正在海滩上等着光之公主呢,当她看到她的朋友坐在海豚背上越过礁石时,她简直不敢相信自己的眼睛。

把光之公主安全地送回到岸边后,银海豚轻声地对她说了一些重要的话:

在你难过、生气时,
不要失望也不要逃避,
因为你的心里有一道闪耀的光芒。
这闪耀的光芒会让你笑起来,
你美丽的笑容就会照亮前方的路,
让你度过最黑暗的夜晚和最风狂雨骤的白天。

在剩下的海边假期里,光之公主和她的朋友玩得很开心。她再也没有见过银海豚,但每次当她感到聪明公主比她跑得快、画得美、游得好时,她就会记起银海豚对她说的那些重要的话。那些话让她一直美丽地微笑着,并且尽自己最大的努力去做所有的事情。

夏天快结束的时候,光之公主回到森林里的城堡中。她把银海豚对她说的那些重要的话记在心里,那些话总能帮助她渡过难关。长大以后,光之公主依然会在城堡周围的花园里玩耍、跳舞,花儿们也依然会向她转过头去,以为是太阳笑得那么灿烂。

在你难过、生气时,

不要失望也不要逃避,

因为你的心里有一道闪耀的光芒。

这闪耀的光芒会让你笑起来,

你美丽的笑容就会照亮前方的路,

让你度过最黑暗的夜晚和最风狂雨骤的白天。

魔法石

这个故事是为欺负别人的孩子和被别人欺负的孩子而写的。

从前有一个女孩,她喜欢坐在沙滩上往海里扔石子。因为沙滩上有许多的石子,所以她可以在那里坐上好几个小时。她每次只捡一块石子,然后奋力扔向大海。不论她扔了多少石子,第二天,沙滩上总会出现更多的石子。她的朋友们叫她"石头女孩",常常嘲笑她花那么多时间往海里扔石子。

女孩喜欢当石子的主人,她想对石子干嘛就干嘛。这对她来说变得越来越重要了,因为她似乎没有办法让她的朋友们按她的意愿行事——也就是不再嘲笑她。

有一天，石头女孩捡起了一块小小的但很重的石子。石子的颜色很亮，上面有奇特的花纹。小女孩擦了擦石子，想看清石子上的花纹，可擦着擦着，石子开口说话了：

擦啊擦啊，尽管许愿吧。
擦啊擦啊，我能让愿望成真啊。

石头女孩听见石子说话，大吃一惊。不过，她马上就知道了自己的心愿：她最想要的，是朋友们都听她的话，都按她的意愿行事。她尤其希望他们不要再嘲笑她了！

石头女孩许下这个心愿，然后把那块重重的石子放进了自己的口袋里。第二天上学时，她把手放进口袋里，不停地擦着石子。很快，她就发现石子的魔法显灵了。只要石头女孩一走近她的朋友们，他们就会感觉到有重重的东西在对他们施魔法，接着就发现自己在努力讨好石头女孩，想尽办法按她的意愿行事。

朋友们也不太清楚自己为什么会那么做，但他们似乎别无选择。他们当然再也不敢嘲笑石头女孩了！她想吃他们午饭里最好吃的点心，他们就毫不犹豫地递给她；她想玩他们的新玩具，他

们就毫不犹豫地拿给她；她想找人帮忙做作业，他们就毫不犹豫地帮她做。

现在，石头女孩的生活已经大变样了。她再也不去沙滩了，也不想再往海里扔石子了。相反的，她每天都把魔法石装在口袋里，不停地摩擦着，让自己的愿望成真，让她的朋友们按她的意愿行事。

擦啊擦啊，尽管许愿吧。
擦啊擦啊，我能让愿望成真啊。

很多个月过去了，石头女孩一直很快乐。她的朋友们每天都围着她转，总是按她的意愿行事。

但随着时间一天天地过去，朋友们越来越不开心。虽然他们一直都按石头女孩的意愿行事，但石头女孩老是摆布他们，这让他们觉得很不舒服。

有一天，一位朋友站得离石头女孩很近，近得能看清她口袋里的东西。这位朋友看见石头女孩的口袋里有一块颜色明亮、花纹奇特的石子，然后又看见石头女孩把手伸进口袋里，在摆布周围所有人的同时不停地摩擦着石子。

这位朋友想到了一个办法。第二天一早，她在上学前去了沙滩，想找一块特别的石子。让她惊讶的是，沙滩上有许多颜色各异、花纹不同的石子。她捡起一块，照着石头女孩的做法，开始摩擦石子。

擦着擦着，石子开口说话了：

擦啊擦啊，尽管许愿吧。
擦啊擦啊，我能让愿望成真啊。

女孩听见石子说话，高兴极了。她马上就知道了自己的心愿。她最想要的，是再也不按石头女孩的意愿行事，而是做自己想做的、需要做的事。

女孩许下这个心愿，然后把魔法石放进了自己的口袋里，飞快地跑回了学校。她看到朋友们时，给他们看了她的魔法石，还告诉了他们刚才发生的事。

那天下午放学后,朋友们都去了沙滩,去寻找特别的石子。找到后,每个人都开始摩擦石子,擦着擦着,石子都开口说话了:

擦啊擦啊,尽管许愿吧。

擦啊擦啊,我能让愿望成真啊。

朋友们都知道自己的心愿:他们最想要的,是再也不按石头女孩的意愿行事,而是做自己想做的、需要做的事。

朋友们许下这个心愿,然后分别把各自找到的魔法石放进了自己的口袋。第二天上学时,石头女孩一走近他们,他们就开始摩擦石子。然后,石子的魔法就显灵了,让他们的愿望成真了。

擦啊擦啊,尽管许愿吧。

擦啊擦啊,我能让愿望成真啊。

从那以后,朋友们终于能自由地做自己想做的、需要做的事了。石头女孩再也不能摆布他们了!

他们开心地告诉了石头女孩他们的另一个心愿,石头女孩也许下了同样的心愿，于是所有的朋友们，包括石头女孩，都比以前过得更好了。

有时，石头女孩会重拾自己最大的爱好——坐在沙滩上，往海里扔石子。

她的朋友们再也不嘲笑她了！

飞得高高的小丝绸

这个故事适合各种年龄的人（儿童和成年人），能帮助他们培养适应能力和毅力。这个故事是一本即将出版的童书《小丝绸的冒险故事》的第一章。

"咔嚓，咔嚓。"冰冷又锋利的剪刀又剪又裁。

"咔嚓，咔嚓，咔嚓。"

再剪一下，最后，小丝绸被人从一长卷黄布里剪了下来。

然后，一只手伸过来，把小丝绸扫到裁剪桌的边上，接着，小丝绸就飘落到了地上。小丝绸不知道发生了什么，但在飘落的一瞬间，她能感觉到她的丝绸翅膀底下鼓起了风，于是知道了自己天生就是要飞翔的。

然后，一把刺人的扫帚伸过来，把小丝绸扫进了角落里的废布堆。

"哎哟，哎哟，发生了什么事？我怎么掉到地上了？我可是天生就要飞得高高的。"小丝绸喊道。

一块绿色天鹅绒呻吟着，回答道："我们是谁都不想要的边角料，要么太破，要么太短，要么就太薄，我们只配扔进垃圾桶里。"

"我可不是，"小丝绸说，"我天生就是要飞翔的！"

听到这话，其他废布料忍不住尖声大笑起来。"你，天生就是要飞翔的？"红白格子棉布说，"你跟我们大家一样，要么太破，要么太短，要么就太薄，天生就只配扔进垃圾桶里。"

小丝绸不理会他们的嘲笑和闲话。她躺在布料厂裁剪车间角落里的废布堆上，透过上面的窗户，如饥似渴地看着她能看到的一小片蓝天。她要怎样才能从地上飞起来，飞出窗外，飞到天上去呢？

正在这时，一阵风从窗口吹了进来。"这地方我没来过，"风想道，"一定有古怪。"于是吹遍整个车间，然后看见了地上的废布堆。风"呼呼"地吹着，把废布料都吹了起来。

刺人的扫帚忙着把废布料扫成一堆。"哎哟，哎哟——"扫帚把绿色天鹅绒扫回角落里时，它叫了起来；"哎哟，哎哟——"扫帚把红白格子棉布扫回角落里时，它也叫了起来；"哎哟，哎哟——"扫帚把其他废布料扫回角落里时，它们都叫了起来。

可小丝绸抓住机会，乘着风飞了起来！她借着风的力量，飞走了。风帮她鼓起了翅膀，带着她一路向上飞，飞出了窗户。

最后，小丝绸终于自由了。"我知道，我天生就是要飞翔的。"她一边飞过大地，一边唱着歌。大地上的人们抬起头，只看见蓝天上飘飞着一小片金色的东西。

圆圆的棕色椰子

这是一个为使儿童适应变化、度过艰难期而写的有趣故事。

从前,在海边的一棵树上,长着一个圆圆的棕色椰子。

圆圆的棕色椰子开开心心地挂在树上。

它在高高的树上能看到许多东西;在高高的树上,它能吹到白天清凉的风;在高高的树上,它能看到夜晚闪亮的星星。

但有一天,圆圆的棕色椰子从树上掉了下来,一半埋进沙子里,一半露在外面。

圆圆的棕色椰子不喜欢埋进沙子里,它在那里什么都看不到,什么都做不了,既吹不到凉风,也看不到星星。

猴子们跑到沙滩上来,把圆圆的棕色椰子当成球,踢来踢去,然后又把它留在沙滩上。

鸟儿们飞下来,在圆圆的棕色椰子上啄啊啄,然后又把它留在沙滩上。

海浪冲上沙滩,把圆圆的棕色椰子卷上卷下,然后又把它留在沙滩上。

圆圆的棕色椰子心想:"如果我什么都看不到,什么都做不了,对别人也没什么用,做一个椰子又有什么意思呢?"

后来有一天,一个渔夫来到了沙滩上。

他看见圆圆的棕色椰子,就把它捡起来,放进了自己的袋子里。

故事总是有办法

很快，圆圆的棕色椰子发现自己被放在了渔夫的棚屋里的一张桌子上，桌子边围着很多孩子，个个都很兴奋。渔夫用一根长棍，在椰子的顶部开了一个洞，很快，孩子们便喝上了白色乳汁状的椰子汁。

对圆圆的棕色椰子来说，这是一个很大的惊喜。一直以来，它都不知道自己心里竟然装着这么美味可口的乳汁状椰子汁。

孩子们喝完椰子汁后，把圆圆的棕色椰子放回到了桌上。圆圆的棕色椰子满心自豪——事实上，它太自豪了，以致马上就爆开了！

那天晚上，吃过晚饭后，渔夫的孩子们和他们所有的朋友们一起享用了最甜美的美食——光滑细腻、美味可口的椰肉块。